チャート式® シリーズ

中学 社会

総仕上げ

数研出版
https://www.chart.co.jp

本書の特長と使い方

本書は,中学3年間の総復習と高校入試対策が1冊でできる問題集です。「復習編」と「入試対策編」の2編構成となっており,入試に向けて段階的に力をつけることができます。

1 復習編　Check! → Try! の2ステップで,中学3年間の総復習をしましょう。

Check!
単元の要点を確認する基本問題です。

Try!
基礎知識を応用して解く問題です。

側注のアイコン

復習メモ
特に重要度の高い復習事項です。

くわしく
本文の内容をより深めます。

2 入試対策編

入試で必ず問われるテーマを取り上げています。入試に向けて実戦力を強化しましょう。

ステップアップ学習
入試の傾向と対策を紹介しています。

Challenge!
実際の入試問題から出題しています。

3 総合テスト

巻末の4ページはテストになっています。入試本番前の力試しをしましょう。

もくじ

一緒に
がんばろう！

数研出版公式キャラクター
数犬チャ太郎

1 世界と日本の姿／世界各地の人々の生活と環境

Check! −基本問題−

解答 ➡ 別冊p.1

☐ に適する語句や数を書きなさい。

1 地球の姿

(1) 世界の大陸と海洋

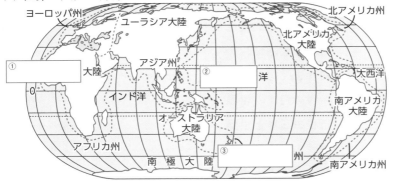

ヨーロッパ州　ユーラシア大陸　北アメリカ州
北アメリカ大陸
① ☐ 大陸　アジア州　② ☐ 洋　大西洋
－0－　インド洋　南アメリカ大陸
オーストラリア大陸
アフリカ州　南極大陸　③ ☐ 州　南アメリカ州

(2) 世界の国と地域は, ④ ☐ つの州に分けられる。

(3) アジア州は, 東アジア, 東南アジア, ⑤ ☐ アジア, 西アジア, 中央アジアに分けられる。

(4) 世界には約200の国があり, 2020年時点で193か国が ⑥ ☐ に加盟している。

(5) ⑦ ☐ は面積が世界最大の国で, 世界の陸地面積の8分の1を占める。

(6) 海に面していない国を ⑧ ☐ という。

(7) ⑨ ☐ 教徒が多い国の国旗には, 三日月と星が多く描かれている。

(8) 地球の一周は約 ⑩ ☐ 万kmである。

(9) ⑪ ☐ を0度として, 地球の南北をそれぞれ90度に分けたものを緯度という。

(10) ロンドンを通る ⑫ ☐ を0度として, 地球の東西をそれぞれ180度に分けたものを経度という。

(11) 地球は太陽に対して約23.4度傾いた状態で, 1日に1回転している。これを ⑬ ☐ という。

(12) 図の中心からの距離と方位が正しく示されている世界地図の図法を ⑭ ☐ という。

☑ 復習メモ
世界の海洋…太平洋, 大西洋, インド洋

☑ 復習メモ
世界の大陸…ユーラシア大陸, アフリカ大陸, 北アメリカ大陸, 南アメリカ大陸, オーストラリア大陸, 南極大陸

☑ 復習メモ
世界の州…アジア州, ヨーロッパ州, アフリカ州, 北アメリカ州, 南アメリカ州, オセアニア州

地球は完全な球体ではなく, 両極方向より赤道方向が少し長い楕円形になっているよ。

🔍 くわしく
1 (10) 本初子午線はイギリスのロンドン郊外の旧グリニッジ天文台を通っている。

2 日本の姿

(1) 日本は，兵庫県 ① [   ] 市などを通る ② [   ] 度を標準時に定めている。

(2) 地球は24時間で1回転（360度）していることから，経度 ③ [   ] ごとに1時間の時差が生じる。

(3) 日本の国土面積は約 ④ [   ] 万km²である。

(4) 日本の北端は択捉島，南端は ⑤ [   ]，東端は南鳥島，西端は ⑥ [   ] である。

(5) 沿岸から ⑦ [   ] 海里までを ⑧ [   ] 水域といい，日本のこの水域の広さは領土面積の約10倍である。

(6) ⑨ [   ] 群島，色丹島，⑩ [   ]，択捉島を北方領土とよぶが現在，⑪ [   ] に不法占拠されている。

(7) 都道府県は，九州，中国・四国，⑫ [   ]，中部，関東，⑬ [   ]，北海道の7地方に区分されることが多い。

🔍 **くわしく**

2 (1) 日本は，およそ東経122〜154度，北緯20〜46度の範囲に位置している。

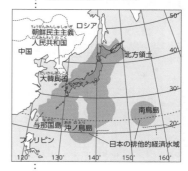

3 世界各地の人々の生活と環境

(1) 世界の気候は次の5つに分けられる。

熱帯	1年を通して気温が高い。赤道付近に分布。
① [ ] 帯	降水量が少ない。砂漠やステップが広がる。
温帯	温暖で，地域による降水量の違いが大きい。
② [ ] 帯	冬の寒さが厳しい。針葉樹林（タイガ）が広がる。
寒帯	1年を通して気温が低い。降水量が少ない。

(2) 温帯の気候帯のうち，季節風（モンスーン）の影響を受け，夏は高温多湿，冬は低温で乾燥する気候を ③ [   ] という。

(3) 寒帯の気候帯のうち，短い夏があり，氷がとけてわずかにこけ類が生える気候を ④ [   ] という。

(4) 砂漠のなかには，水がわき出る ⑤ [   ] とよばれる場所があり，作物が栽培され集落や町が形成されているところもある。

(5) モンゴルの草原では，⑥ [   ] とよばれる移動式のテントに住みながら遊牧生活を送る人たちがいる。

(6) ヨーロッパや南北アメリカなどで広く信仰されている，イエス・キリストが開いた宗教は ⑦ [   ] である。

✅ **復習メモ**

5つの気候帯とは別に，標高が高くなるにつれて気温が低くなる，アンデス山脈の高地やチベット高原などに見られる高山気候がある。

✅ **復習メモ**

季節風（モンスーン）は，季節によって吹く向きが変わる風。夏は海から大陸へ，冬は大陸から海へ吹く。

✅ **復習メモ**

世界の三大宗教…キリスト教，イスラム教，仏教

Try! −応用問題−

解答 ➡ 別冊p.1

1 右の地図を見て，次の問いに答えなさい。

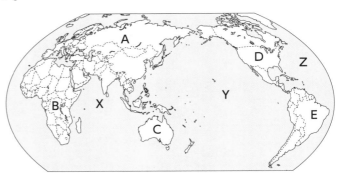

(1) 次の①・②の説明にあたる大陸を，地図中の**A〜E**からそれぞれ選びなさい。

① 2020年現在，人口が世界1位と2位の国が位置する大陸である。 〔　　　　　〕

② 南北のほぼ中央部を赤道が通っている大陸である。〔　　　　　〕

(2) 地図中の**A**の大陸は，アジア州とヨーロッパ州の2つに分けられ，アジア州はさらに5つに区分されます。このうち，東アジア州に属する国を，次の**ア〜エ**から選びなさい。

ア フィリピン　**イ** イラン　**ウ** モンゴル　**エ** インド　〔　　　　　〕

(3) 面積が最も大きい大洋を，地図中の**X〜Z**から選びなさい。また，その名称を書きなさい。

記号〔　　　　〕　名称〔　　　　　　　　〕

(4) 地図中で正しく表されているものを，次の**ア〜エ**から選びなさい。

ア 方位　**イ** 距離　**ウ** 面積　**エ** 角度　〔　　　　　〕

2 右の地図を見て，次の問いに答えなさい。

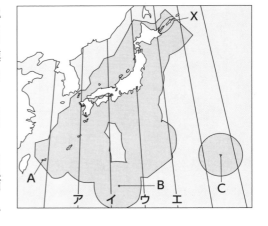

(1) 日本の標準時子午線である東経135度の経線を，地図中の**ア〜エ**から選びなさい。〔　　　　　〕

(2) 東京が1月5日の午前10時のとき，西経75度を標準時子午線とするアメリカのニューヨークは何月何日何時となりますか。

〔　　　　　　　　　　　〕

(3) 地図中の**X**の島々を何といいますか。

〔　　　　　　　　　　　〕

(4) 地図中の**A〜C**は，それぞれ日本の東端・南端・西端にある島を示しています。次の①・②の問いに答えなさい。

① 波の侵食で島が消失しないようにコンクリートで補強している島を，**A〜C**から選びなさい。また，その名称を書きなさい。

記号〔　　　　〕　名称〔　　　　　　　　〕

② ①の島が消失することで，日本にはどのような問題が生じますか。地図中の⬭の海域に触れながら，簡単に説明しなさい。

〔

3 右の地図を見て，次の問いに答えなさい。

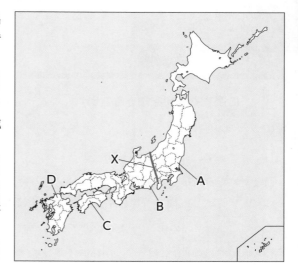

(1) 地図中の**A～D**のうち，県名と県庁所在地名が異なるものはどれですか。記号を選び，県庁所在地の名称を答えなさい。

　　記号[　　　] 名称[　　　　　　　]

(2) 中部地方は，3つの地域に分けることがあります。そのうち，地図中の**B**がふくまれる地域を何といいますか。

　　　　　　　　　　[　　　　　　　　]

(3) 日本の区分は，地図中の**X**の線を境に，東日本と西日本に二分することもあります。大地溝帯ともよばれるこの線を何といいますか。

　　　　　　　　[　　　　　　　　]

4 右のグラフを見て，次の問いに答えなさい。

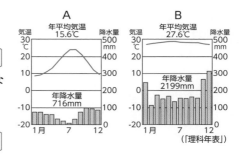

(「理科年表」)

(1) **A**のグラフが示す気候を，次の**ア～エ**から選びなさい。

　ア サバナ気候　　**イ** 西岸海洋性気候

　ウ 地中海性気候　**エ** ツンドラ気候　[　　　　]

(2) **B**のグラフが示す気候の都市を，次の**ア～エ**から選びなさい。

　ア 東京　　**イ** サンフランシスコ

　ウ シンガポール　**エ** モスクワ　[　　　　]

5 右の地図を見て，次の問いに答えなさい。

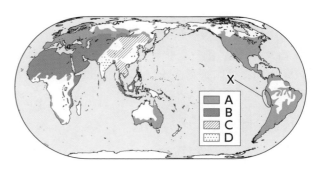

(1) 地図中の**X**の高地では，寒さに強く着脱がしやすい，アルパカの毛を使った衣服が着用されています。この衣服を何といいますか。　　　[　　　　　　　]

(2) 次の①・②の説明にあてはまる宗教を地図中の**A～C**からそれぞれ1つ選び，記号で答えなさい。

　① もともとは西アジアで始まった宗教で，アッラーを信仰の対象としている。　[　　　]

　② クリスマスやイースター(復活祭)などの行事がある。　[　　　]

(3) 地図中の**D**の宗教では，牛肉を食べることが禁じられています。その理由を，宗教の名称をあげながら簡単に説明しなさい。

[　　　　　　　　　　　　　　　　　　　　　　　　　　　　　　　　]

2 世界の諸地域①

Check! −基本問題−

解答 ➡ 別冊p.1

　□に適する語句を書きなさい。

1 アジア州

(1) 東アジアには，中国を流れる ①[　　　　]や黄河，東南アジアにはタイやベトナムを流れるメコン川などの大河がある。

(2) 東アジアと東南アジアの沿岸部は，季節によって吹く向きが変わる ②[　　　　]の影響を強く受けている。

(3) 中国では1970年代から2010年代半ばまで，人口増加をおさえるために ③[　　　　]とよばれる政策が行われてきた。

(4) 右の図はマレーシアの人口構成を示している。同国のように，多くの民族から構成される国家を ④[　　　　]という。

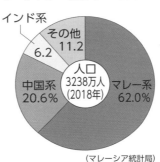

インド系 その他 6.2 11.2
中国系 20.6%
人口 3238万人 (2018年)
マレー系 62.0%

(マレーシア統計局)

(5) 中国の華北では ⑤[　　　　]を中心とした畑作が，華中・華南では稲作がさかんに行われている。

(6) メコン川やエーヤワディー川などの下流の広大なデルタ(三角州)では，米を1年間に同じ土地で2度つくる ⑥[　　　　]が行われている。

(7) マレーシアやインドネシアなどでは，⑦[　　　　]とよばれる大農園で，油やしや天然ゴムなどが栽培されている。

(8) 中国は外国企業を誘致するために，沿岸部のシェンチェンなどに ⑧[　　　　]を設け，その後，経済開発区も設定した。

(9) 1967年，東南アジアの国々によって東南アジア諸国連合，略称 ⑨[　　　　]が結成された。

(10) 南アジアの国々のうち，インドでは ⑩[　　　　]教徒が，スリランカでは仏教徒が多い。

(11) インドのアッサム地方やスリランカでは，⑪[　　　　]の栽培がさかんである。

(12) 中央アジアの国々では，石油・石炭・天然ガスなどのほか，⑫[　　　　]とよばれる希少金属も産出されている。

くわしく

1 (3) 2015年に一人っ子政策は廃止されたが，中国では今後，人口の高齢化と労働人口の減少が進むと予想されている。

復習メモ

中国の西部は，乾燥地が広がっているため牧畜が中心。

くわしく

1 (7) プランテーションは，元はアジアやアフリカを植民地支配していたヨーロッパ人が開いた大農園。現地の人を使い，本国向けの農作物を大量に生産していた。

復習メモ

インドのデカン高原は，綿花の世界的産地として有名。

2 ヨーロッパ州

(1) ヨーロッパが全体的に高緯度のわりに比較的温暖なのは，北西部
の沖合を暖流の ① [＿＿＿＿＿＿＿] が流れ，② [＿＿＿＿＿＿＿] がその上
空の暖かい空気を運んでくるためである。

(2) スカンディナビア半島の西沿岸には，③ [＿＿＿＿＿＿＿] とよばれる入
江が見られる。

(3) ヨーロッパ各国の民族
系統は，右の地図のよう
に３つに分類される。

④ [＿＿＿＿＿] 系諸民族
⑤ [＿＿＿＿＿] 系諸民族
⑥ [＿＿＿＿＿] 系諸民族
□ その他

(4) 1967年に発足した
⑦ [＿＿＿＿＿＿＿] を母体とし
て，1993年にEU（ヨーロッ
パ連合）が結成された。

(5) EUの加盟国の多くは，
共通通貨の ⑧ [＿＿＿＿＿＿＿]
を導入している。

(6) ヨーロッパの広い範囲
で，⑨ [＿＿＿＿＿＿＿] を原料とするパン，パスタ，ピザなどが主食とし
て食べられている。

(7) 地中海沿岸部では，高温で乾燥した夏にオリーブやぶどうなどを
栽培し，温暖で雨が降る冬に小麦を栽培している。このような農業を
⑩ [＿＿＿＿＿＿＿] という。

(8) ヨーロッパの中部では，家畜の飼育と飼料作物の栽培を組み合わ
せた ⑪ [＿＿＿＿＿＿＿] が行われている。

(9) 18世紀後半，イギリスでは蒸気機関の発明により ⑫ [＿＿＿＿＿＿＿] が
おこり，近代工業が発達した。

(10) ⑬ [＿＿＿＿＿＿＿] では，ハイテク産業やバイオテクノロジーが成長して
おり，エネルギーの多くを原子力に依存している。

(11) ユーロポートやロッテルダムなど，原材料・製品の輸出入に便利な
臨海部に ⑭ [＿＿＿＿＿＿＿] 工業を主とする工業地帯が形成された。

(12) 1917年，世界最初の社会主義国として
⑮ [＿＿＿＿＿＿＿] が成立した。

(13) 冷帯に属する中・東部のシベリアでは，⑯ [＿＿＿＿＿＿＿] とよばれる
針葉樹林帯が広がっている。

(14) ロシアで産出される石油や天然ガスは，⑰ [＿＿＿＿＿＿＿] を通っ
てEU諸国に送られている。

✅ **復習メモ**

ヨーロッパの各民族がおもに
信仰しているキリスト教の宗派
・ラテン系…カトリック
・ゲルマン系…プロテスタント
・スラブ系…正教会

🔍 **くわしく**

2 (4) 自国の経済を優先するイ
ギリスは国民投票の結果，
2020年にEUから離脱した。

デンマークやオランダでは，
乳製品を生産する酪農がさ
かんだよ。

🔍 **くわしく**

2 (12) 1991年にソ連は解体し，
ロシア連邦やウクライナをふく
む15の国に分裂した。

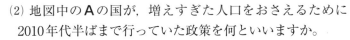

Try! -応用問題-

解答 ➡ 別冊p.2

1 右の地図を見て，次の問いに答えなさい。

(1) 地図中の**A**の国の西部でおもに行われている農業を，次のア～エから選びなさい。
ア　稲作（いなさく）　　イ　焼畑農業（やきはた）
ウ　牧畜（ぼくちく）　　エ　混合農業　　　　　　　　〔　　　〕

(2) 地図中の**A**の国が，増えすぎた人口をおさえるために2010年代半ばまで行っていた政策を何といいますか。
〔　　　　　　　　　　　〕

(3) アジアNIES（新興工業経済地域）にふくまれる国を，地図中の**B**～**H**の国から2つ選びなさい。
〔　　　〕〔　　　〕

(4) マレー人を中心に，中国系の華人（かじん），インド系のタミル人などからなる多民族国家を，地図中の**B**～**H**から選びなさい。〔　　　〕

(5) 東南アジアの10か国が加盟している地域連合の略称を，アルファベット5文字で答えなさい。
〔　　　　　　〕

(6) 東南アジアの各地では，天然ゴムやバナナ，コーヒー豆など，輸出用の商品作物を栽培（さいばい）するプランテーション農業が行われていますが，プランテーションは元々，どのような人々が始めた農園でしたか。簡単に説明しなさい。
〔　　　　　　　　　　　　　　　　　　　　　　　　　〕

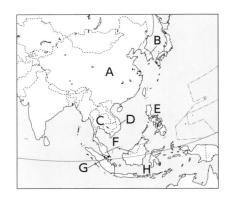

2 右の地図を見て，次の問いに答えなさい。

(1) 地図中の**X**の高原，**Y**の湾（わん）の名称を，それぞれ答えなさい。
X〔　　　　　　〕　**Y**〔　　　　　　〕

(2) 地図中の**Z**にある，世界から多くの巡礼者（じゅんれいしゃ）が訪れるイスラム教の聖地を何といいますか。
〔　　　　　　　　　　　〕

(3) 次の①～③の説明にあてはまる国を，地図中の**A**～**E**からそれぞれ選びなさい。

① 近年，南部の都市を中心にICT（情報通信技術）産業の成長がめざましい。〔　　　〕

② 日本の原油輸入先第1位の国である（2020年現在）。〔　　　〕

③ 近年，石油依存（いぞん）からの脱却（だっきゃく）をめざし，金融業（きんゆう）や観光業など新しい産業に力を入れ，ドバイなど先進的な都市が成長している。〔　　　〕

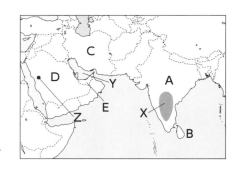

3 右の地図を見て，次の問いに答えなさい。

(1) 地図中の**X**の地域に見られる，氷河の侵食によってできた地形を何といいますか。

［　　　　　　　　　　　　　］

(2) 地図中の**Y**の地域でさかんに産出されている鉱産資源を，次の**ア〜エ**から選びなさい。

ア 石炭　**イ** ボーキサイト
ウ 石油　**エ** 鉄鉱石　［　　　　　　　　］

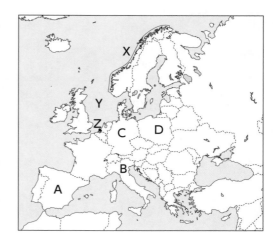

(3) 地図中の**Z**にはEU本部があります。これについて，次の各問いに答えなさい。

① EUで使われている共通通貨を何といいますか。

［　　　　　　　　　　　　　］

② 2020年にEUを離脱した国はどこですか。

［　　　　　　　　　　　　　　　　　　　］

(4) 国民の多くがスラブ系の民族であり，正教会の信者が多い国を，地図中の**A〜D**から選びなさい。

［　　　　　　　　　　　　］

(5) ヨーロッパでは，ある工業製品の国際分業が進んでおり，フランスのトゥールーズに大規模な組み立て工場があります。その工業製品とは何ですか。　［　　　　　　　　］

(6) ヨーロッパでは1990年代以降，西ヨーロッパ諸国の企業が，東ヨーロッパに工場を移転する動きが進みました。その理由を，簡単に説明しなさい。

［

　　　］

4 右の地図を見て，次の問いに答えなさい。

(1) 地図中の**X**の山脈，**Y**に広がる針葉樹林のよび名を答えなさい。

X［　　　　　　　　　　］
Y［　　　　　　　　　　］

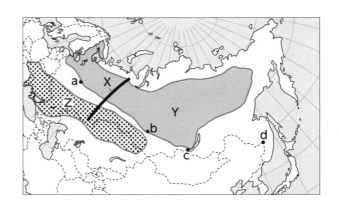

(2) 地図中の**Z**の地域は，肥沃な土壌が広がり，農業がさかんです。この一帯で生産されている作物を，次の**ア〜エ**から選びなさい。

ア 米　**イ** 小麦　**ウ** 茶
エ さとうきび　　［　　　　　　　　］

(3) 地図中の**a〜d**から，ロシアの首都の位置を記号で選び，首都の名称を書きなさい。

位置［　　　］　首都名［　　　　　　　　　　　　］

(4) ロシアはかつて，周辺諸国をふくめソビエト社会主義共和国連邦（ソ連）を構成していましたが，1980年代に経済の低迷から脱皮するためにソ連が行った政治・経済改革を何といいますか。

［　　　　　　　　　　　　　］

3 世界の諸地域②

Check! －基本問題－

解答 ➡ 別冊p.2

□に適する語句を書きなさい。

1 アフリカ州

(1) アフリカの北部には，広大な[①＿＿＿＿]砂漠が広がり，世界最長の[②＿＿＿＿]川が流れている。

(2) アフリカの北部では[③＿＿＿＿]教が広く信仰され，中・南部のサハラ砂漠以南では土着の宗教や[④＿＿＿＿]教徒が多い。

(3) 19世紀末までに，エチオピアやリベリアを除くアフリカ大陸のほぼ全域が，ヨーロッパ諸国の[⑤＿＿＿＿]になった。

(4) アフリカでは，かつてヨーロッパ諸国が開いた[⑥＿＿＿＿]とよばれる大農園で，輸出用の作物が栽培されている。

(5) アフリカでは，多くの国々が特定の商品作物や鉱産資源の輸出にたよっているが，こうした経済を[⑦＿＿＿＿]経済という。

(6) アフリカに共通する問題を解決するため，2002年に[⑧＿＿＿＿]（AU）が結成された。

リベリア

（1914年）
- イギリス領
- フランス領
- ドイツ領
- イタリア領
- スペイン領
- ポルトガル領
- ベルギー領

エチオピア

南アフリカ連邦

> ✓ **復習メモ**
> サハラ砂漠の南縁はサヘルとよばれ，砂漠化を防ぐため植林が進められている。

2 北アメリカ州

(1) アメリカ合衆国の西部には，けわしい[①＿＿＿＿]山脈が連なり，中央平原には[②＿＿＿＿]川が流れている。

(2) アメリカ合衆国では近年，[③＿＿＿＿]とよばれる中南米諸国からの移民が増えている。

(3) アメリカ合衆国では，[④＿＿＿＿]とよばれる巨大な穀物商社がアグリビジネスを展開している。

(4) アメリカ合衆国では，気候や地形，土壌の性質など，環境に適した農作物が栽培されている。こうした栽培方法を[⑤＿＿＿＿]という。

(5) アメリカ合衆国では1970年代以降，工業の中心地が五大湖周辺から，北緯37度以南の[⑥＿＿＿＿]とよばれる地域に移った。

> 🔍 **くわしく**
> **2** (2) ヒスパニックは，スペイン語を話し，カトリックを信仰するラテン系で，ラティーノともよばれる。

> 🔍 **くわしく**
> **2** (5) 五大湖周辺は工場・設備の老朽化が進み，ラストベルト（赤さび地帯）とよばれている。

(6) サンフランシスコ近郊(きんこう)の [⑦_____] には，ICT (情報通信技術(ぎじゅつ))関連の企業(きぎょう)・研究所が集中している。

(7) カナダは，諸民族の言語，宗教などの文化を尊重し合おうとする意識が高く，国の方針として [⑧_____] 主義を打ち出している。

3 南アメリカ州

(1) 南アメリカ大陸の北部には，流域面積が世界一の [①_____] 川が流れる。

(2) 南アメリカ大陸の西部には，[②_____] 山脈が南北に連なっている。

(3) 先住民のインディオと白人の混血の人々を [③_____] という。

(4) ブラジルでは [④_____] 語，その他の多くの国々では [⑤_____] 語が公用語となっている。

(5) ブラジルで栽培されている [⑥_____] やとうもろこしは，バイオ燃料の原料としての使用が増えている。

(6) 南アメリカは鉱産資源が豊富で，ベネズエラでは [⑦_____] が，チリでは [⑧_____] が，世界有数の産出量をほこる。

4 オセアニア州

(1) オセアニア州の海域は，右の地図のように3つに区分される。

(2) オーストラリアには [④_____]，ニュージーランドには [⑤_____] とよばれる先住民が住んでいる。

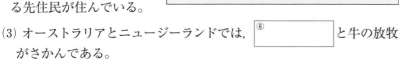

(3) オーストラリアとニュージーランドでは，[⑥_____] と牛の放牧がさかんである。

(4) 太平洋上の島々では，[⑦_____] やヤムいも，キャッサバなど，自給自足用の根菜類(こんさい)の栽培が中心となっている。

(5) オーストラリアは鉱産資源が豊富で，おもに東部では [⑧_____]，西部では [⑨_____] が産出されている。

<blockquote>
🔍 くわしく

2 (6) シリコンバレーは渓谷(けいこく)地帯に位置しており，IC (集積回路)に使用される物質のシリコンにちなんで，その名がついた(バレーは「谷」の意味)。
</blockquote>

<blockquote>
🔍 くわしく

3 (1) 流域面積とは，雨が河川に流れこむ面積のこと。本流だけでなく，支流の流域もふくまれる。
</blockquote>

<blockquote>
アンデス山脈の高地では，リャマやアルパカの牧畜(ぼくちく)が行われているよ。
</blockquote>

<blockquote>
🔍 くわしく

4 (1) 3つの海域の名称の意味
ミクロネシア…「小さい島々」
メラネシア…「黒い島々」
ポリネシア …「たくさんの島々」
</blockquote>

<blockquote>
✅ 復習メモ

オーストラリア西部では，地表をけずり，掘(ほ)り下げて鉄鉱石を採掘(さいくつ)する露天(ろてん)掘りが行われている。
</blockquote>

3 世界の諸地域②

Try! −応用問題−

解答 ➡ 別冊p.2

1 右の地図を見て，次の問いに答えなさい。

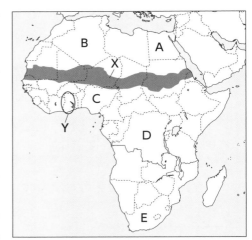

(1) 耕地の拡大や薪の採取などにより砂漠化が進んでいる，地図中の**X**の地域を何といいますか。

〔　　　　　　　　〕

(2) 地図中の**Y**の地域で生産がさかんな作物を，次の**ア**〜**エ**から選びなさい。

ア カカオ　　**イ** コーヒー豆
ウ バナナ　　**エ** 茶　　〔　　　　　〕

(3) ナイル川の下流に位置し，ピラミッドやスフィンクスなどの遺蹟が残る国を，地図中の**A**〜**E**から選びなさい。

〔　　　　　〕

(4) アフリカ諸国の中で最大の人口をもち，最も石油の生産量が多い国（2020年現在）を，地図中の**A**〜**E**から選びなさい。

〔　　　　　　　　〕

(5) **E**の国では1990年代初めまで，アパルトヘイトとよばれる政策が行われていましたが，国際的な批判を受けて撤廃しました。その政策の内容を，簡単に説明しなさい。

〔

2 右の地図を見て，次の問いに答えなさい。

(1) 地図中の**X**，**Y**の地域のよび名を，それぞれ答えなさい。

X〔　　　　　　　　〕
Y〔　　　　　　　　〕

(2) 1970年代以降，アメリカ合衆国の工業の中心となった，地図中の北緯37度線以南の◯◯◯の地域を何といいますか。

〔　　　　　　　　〕

(3) 次の①・②の説明にあてはまる都市を，地図中の**A**〜**D**からそれぞれ選びなさい。

① アメリカ合衆国最大の都市で，国連本部が置かれている。　　〔　　　　　〕

② 地中海性気候に属し，周辺部ではオレンジなどの果樹が栽培されている。

〔　　　　　〕

(4) アメリカ合衆国の南部で近年増加している，スペイン語を話す移民を何といいますか。

〔　　　　　　　　〕

(5) 北アメリカ諸国のうち，諸民族の言語，宗教などの文化を尊重し合おうとする意識が高く，国の方針として多文化主義を打ち出しているのはどこですか。

〔　　　　　　　　〕

3 右の地図を見て，次の問いに答えなさい。

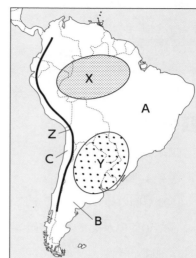

(1) 地図中の**X**の熱帯雨林，**Y**の草原地帯，**Z**の山脈のよび名を，それぞれ答えなさい。

X[　　　　　　　　　]

Y[　　　　　　　　　]

Z[　　　　　　　　　]

(2) 地図中の**X**の熱帯雨林で行われている農業を，次の**ア**〜**エ**から選びなさい。

ア　オアシス農業　　　イ　焼畑農業

ウ　二期作　　　　　　エ　近郊農業　　　[　　　　　]

(3) 地図中の**Z**の山脈の高地で牧畜が行われている動物を2つ答えなさい。　　[　　　　　][　　　　　]

(4) 地図中の**A**の国は1970年代ごろまで，輸出の大半をある作物に依存するモノカルチャー経済の国でした。その作物を，次の**ア**〜**エ**から選びなさい。

ア　さとうきび　　イ　コーヒー豆　　ウ　だいず　　エ　とうもろこし　　[　　　　　]

(5) 地図中の**A**，**B**の国の公用語を，それぞれ答えなさい。

A[　　　　　　　　　]　B[　　　　　　　　　]

(6) 地図中の**C**の国が世界有数の産出量をほこる鉱産資源を，次の**ア**〜**エ**から選びなさい。

ア　鉄鉱石　　イ　天然ガス　　ウ　ボーキサイト　　エ　銅鉱　　[　　　　　]

(7) 南アメリカ諸国には，さまざまな人種が暮らしていますが，このうちメスチス（メスチーソ）とよばれるのは，どのような人種の人々ですか。簡単に説明しないさい。

[
　
　
]

4 右の地図を見て，次の問いに答えなさい。

(1) 地図中の**X**〜**Z**のうち，ハワイ諸島がふくまれる海域を選び，そのよび名を答えなさい。

記号[　　　]　よび名[　　　　　　　]

(2) 地図中の**A**，**B**の国を植民地としていたヨーロッパの国はどこですか。　　[　　　　　　　]

(3) 地図中の**A**，**B**の国の先住民族を，それぞれ答えなさい。

A[　　　　　　　]　B[　　　　　　　]

(4) 地図中の**A**の国で2020年現在，最大の輸出相手となっている国を，次の**ア**〜**エ**から選びなさい。

ア　日本　　イ　中国　　ウ　インド　　エ　アメリカ合衆国　　[　　　　　]

(5) 地図中の**A**の国の西部で，露天掘りによって採掘されている鉱産資源を，次の**ア**〜**エ**から選びなさい。

ア　石炭　　イ　石油　　ウ　ボーキサイト　　エ　鉄鉱石　　[　　　　　]

15

4 地域調査の手法／日本の地域的特色と地域区分①

Check! －基本問題－

解答 ➡ 別冊p.3

☐ に適する語句や数を書きなさい。

1 地域調査の手法

(1) 地形図の等高線の基本となる線を ①☐☐☐ といい，2万5千分の1地形図では ②☐☐☐ mごとに描かれている。

(2) 地形図の等高線から，土地の高さや傾斜を読み取ることができ，等高線の間隔がせまいほど傾斜は ③☐☐☐ である。

(3) 地図記号

" " " "	田	⊗	警察署	文	小・中学校
ᴠ ᴠ	畑・牧草他	Y	消防署	⊗	高等学校
◦ ◦ ◦	④☐☐☐	⊖	⑤☐☐☐	卄	神社
◦ ◦ ◦	広葉樹林	☼	発電所・変電所	⑥☐☐☐	
∧ ∧ ∧	針葉樹林	⊞	病院	介	老人ホーム

(4) 調査方法には，⑦☐☐☐ や聞き取り調査，文献調査などがある。

2 日本の地形

(1) 日本の国土の約4分の ①☐☐☐ は山地・丘陵である。

(2) 日本は，本州中央の ②☐☐☐ を境に，地形・地質上から東日本と西日本に分けられる。

(3) 飛驒山脈，木曽山脈，③☐☐☐ 山脈の3つは，まとめて日本アルプスとよばれる。

(4) 内陸部にあって周りを山に囲まれている平地を ④☐☐☐ という。

(5) 三陸海岸などの ⑤☐☐☐ は山地が海に沈んでできたもので，小さな岬と深い湾が連続した地形になっている。

(6) 日本列島の東には太平洋，北西には日本海，南西諸島の西には東シナ海，北海道の北東には ⑥☐☐☐ が広がっている。

(7) 傾斜のゆるやかな深さ約200mまでの海底は ⑦☐☐☐ とよばれ，日本列島の周囲や東シナ海に広がっている。

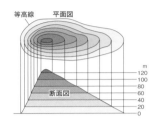

等高線　平面図

断面図

m
120
100
80
60
40
20
0

✓ 復習メモ
実際の距離＝地形図上の長さ×縮尺の分母

🔍 くわしく
1 (4) 文献調査で資料を引用するときは，著作権に注意し，書籍名など出典を明記しなければならない。

✓ 復習メモ
飛驒山脈は北アルプス，木曽山脈は中央アルプス，赤石山脈は南アルプスともいう。

🔍 くわしく
2 (7) 太平洋の沖合には深さ8000mをこえる海溝が連なる。

(8) 太平洋側に流れる暖流を ⑧ □ といい，日本海側に流れる

暖流を ⑨ □ という。

(9) 太平洋側に流れる寒流を ⑩ □ といい，日本海側に流れる

寒流をリマン海流という。

✓ 復習メモ

黒潮 (日本海流) と親潮 (千島海流) がぶつかる三陸海岸沖には潮目 (潮境) があり，魚のえさとなるプランクトンが豊富で好漁場となっている。

3 日本の気候と自然災害

(1) ① □ は，夏は太平洋上から湿った暖かい南東の風として

吹くことで，② □ 側に雨を降らせる。

(2) 熱帯低気圧の ③ □ は夏から秋にかけて発生し，西日本や

太平洋側を中心に，暴風雨による風水害をしばしばもたらす。

(3) 北海道の気候の特徴としては，全体的に冷涼で，④ □ の

時期がなく，1年を通して降水量が少ない。

(4) 夏に大都市の中心部で気温が異常に高くなる ⑤ □

現象は，気温分布図上で高熱の地域が島のような形に見えることか

らこうよばれている。

(5) 日本の気候のうち，北海道の気候は冷帯 (亜寒帯) に，南西諸島の

気候は ⑥ □ にふくまれる。

(6) 沈みこんだプレートが元にもどろうと動くことで，地震とともに

⑦ □ を発生させることがしばしばある。

(7) 都道府県や市区町村は，地震や洪水などで被害が予測される地域

や避難ルートなどを記した ⑧ □ を作成している。

✓ 復習メモ

日本の6つの気候…北海道の気候，太平洋側の気候，日本海側の気候，中央高地の気候，瀬戸内の気候，南西諸島の気候

🔍 くわしく

3 (6) 地震には，プレートが沈みこむことでおこる海洋型地震と，プレート内部でおこる内陸型地震 (直下型地震) の2種類がある。

4 日本の人口

(1) 日本は人口が多く，① □ が世界平均の59人／km²の5倍

以上である。

(2) 1947〜49年，出生数が急増した現象を ② □ という。

(3) 1980年代から出生率が低下して ③ □ が進むとともに，高

齢者が増加して ④ □ も進んだ。

(4) 日本の人口ピラミッドは，富士山型→

つりがね型→ ⑤ □ 型と変化

してきた。

(5) 65歳以上の老年人口が50%以上を占

め，過疎がいちじるしく進行して地域

社会の維持が難しい集落を ⑥ □ という。

日本の人口は1億人以上で，2020年時点では世界11位の多さだよ。

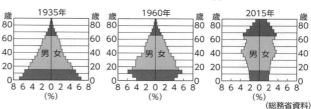

(総務省資料)

Try! −応用問題−　　　　　　　　　　　　　　　解答 ➡ 別冊p.3

1 次の問いに答えなさい。

(1) 地形図を発行している，国土交通省に属する機関の名称を答えなさい。

［　　　　　　　］

(2) 実際の距離が5kmの場合，2万5千分の1地形図上で示される長さとして正しいものを，次の**ア〜エ**から選びなさい。

　　ア 10cm　　**イ** 15cm　　**ウ** 20cm　　**エ** 25cm

［　　　　　　　］

(3) 5万分の1地形図上では，等高線の基本となる主曲線は（　①　）mごと，計曲線は（　②　）mごとに描かれています。①・②に入る数字を，それぞれ答えなさい。

①［　　　　　］ ②［　　　　　］

(4) 次の①〜③の地図記号にあてはまる施設を，下の**ア〜カ**からそれぞれ選びなさい。

　　① ⚡　　② 🏛　　③ ⊗

　　ア 警察署　　**イ** 発電所・変電所　　**ウ** 老人ホーム
　　エ 郵便局　　**オ** 裁判所　　**カ** 博物館・美術館

①［　　　］ ②［　　　］ ③［　　　］

2 右の地図を見て，次の問いに答えなさい。

(1) 地図中の①の山脈，②の川，③の平野，④の山地のよび名を，それぞれ答えなさい。

①［　　　　　　　］
②［　　　　　　　］
③［　　　　　　　］
④［　　　　　　　］

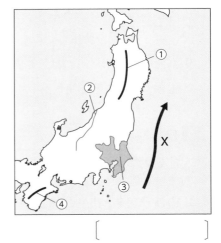

(2) 地図中の**X**の海流のよび名を書きなさい。

［　　　　　　　］

(3) 日本列島の周囲に広がっている，傾斜のゆるやかな深さ約200mまでの海底を何といいますか。

［　　　　　　　］

(4) 日本列島が属する環太平洋造山帯にふくまれる山脈を，次の**ア〜エ**から選びなさい。

　　ア アンデス山脈　　**イ** アパラチア山脈　　**ウ** アルプス山脈　　**エ** ヒマラヤ山脈

［　　　　　　　］

(5) 日本の国土に占める山地・丘陵の割合として正しいものを，次の**ア〜エ**から選びなさい。

　　ア 約35%　　**イ** 約55%　　**ウ** 約75%　　**エ** 約90%

［　　　　］

(6) 扇状地とはどのような地形ですか。簡単に説明しなさい。

［

3 次の問いに答えなさい。

(1) 右の①〜④のグラフが示す気候にあたる都市名を，次の**ア**〜**エ**からそれぞれ選びなさい。

　　ア 鳥取市　　**イ** 那覇市
　　ウ 旭川市(北海道)　　**エ** 潮岬(和歌山県)

　　　　　　①[　　　　] ②[　　　　]
　　　　　　③[　　　　] ④[　　　　]

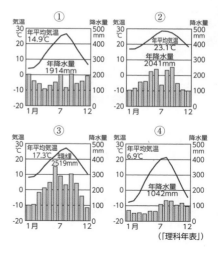

(2) 日本では，夏に太平洋から（　①　）の季節風が，冬に大陸から（　②　）の季節風が吹きつけます。①・②に入る方角を，それぞれ八方位で答えなさい。

　　　　①[　　　　　　　] ②[　　　　　　　]

(3) 夏の気温が上がらなかった年に発生する，農作物の生育などが悪くなる気象災害を何といいますか。

　　　　　　　　　　　　　　　　　　[　　　　　　　　　　]

(4) ヒートアイランド現象とは，どのような気象現象ですか。簡単に説明しなさい。

　　[　　　　　　　　　　　　　　　　　　　　　　　　　　]

(5) 東日本大震災に関する説明として正しくないものを，次の**ア**〜**エ**から選びなさい。

　　ア 東北地方の太平洋沖を震源とする地震だった。
　　イ 地下の活断層のずれによっておこった内陸型地震だった。
　　ウ 地震により津波がおこり，沿岸部に大きな被害をもたらした。
　　エ 地震の影響で，埋め立て地などでは液状化現象がおこった。

　　　　　　　　　　　　　　　　　　　　　　　[　　　　　]

4 次の問いに答えなさい。

(1) 右のグラフは，世界の面積と人口に占める，世界の6つの州の割合を示したものです。①アフリカ州，②アジア州にあたるものを，グラフ中の**A**〜**D**からそれぞれ選びなさい。

　　　　①[　　　　] ②[　　　　]

	南アメリカ　 オセアニア				
(2015年) 面積 136.1百万km²	A 23.4%	B 22.2	C 16.9	D 18.0	13.1　6.4

	南アメリカ5.5　オセアニア0.5			
(2019年) 人口 77.1億人	A 59.7%	B 17.0	C 9.7	D 7.6

(2020/21「日本国勢図会」)

(2) 右の人口ピラミッドは，日本の1935年，1960年，2015年のいずれかのものです。年代の古いものから順に並べ，記号で書きなさい。

　　[　　　→　　　→　　　]

(3) 東京・大阪・名古屋を中心とする，人口が極度に集中した過密地域を総称して何といいますか。

　　　　　　　　　　　　　　　　　　[　　　　　　　　　　]

(4) 過疎地域のようすとしてあてはまらないものを，次の**ア**〜**エ**から選びなさい。

　　ア 学校が廃校となる。　　**イ** バス路線が廃止される。
　　ウ 住宅不足がおこる。　　**エ** 祭など地域活動ができない。

　　　　　　　　　　　　　　　　　　　　　　　[　　　　　]

5 日本の地域的特色と地域区分②

Check! -基本問題-

解答 ➡ 別冊p.4

□ に適する語句を書きなさい。

1 世界と日本の資源・エネルギー

(1) 鉱産資源である ① ［　　　　　］は，西アジアのペルシャ湾沿岸や北アフリカ，カリブ海の沿岸地域などにかたよって分布している。

(2) レアメタルであるマンガンやクロムは，② ［　　　　　］が日本にとっての最大の輸入相手国になっている。

(3) 火力発電は，化石燃料を利用して電気をおこすことから，地球 ③ ［　　　　　］の原因といわれる二酸化炭素を排出する。

(4) 日本では，1950年代まで ④ ［　　　　　］発電が中心だったが，工業成長にともなって ⑤ ［　　　　　］発電に移行した。その後，原子力発電も増えたが，2011年におきた東京電力の ⑥ ［　　　　　］原子力発電所の事故の影響で原子力発電の割合は大きく減った。

(5) 太陽光や風力，地熱，バイオマスなどの，くり返し利用できるエネルギーを ⑦ ［　　　　　］可能エネルギーという。

2 日本の農林水産業

(1) 米は，北海道と ① ［　　　　　］県の生産量がとくに多い。

(2) 新鮮さが求められる野菜や花の栽培，鶏卵の生産を，大都市の周辺部で行う農業を ② ［　　　　　］という。

(3) 温室やビニールハウスを使い，作物の育成を早め，他の地域より早く出荷できるように栽培することを ③ ［　　　　　］という。

(4) 2017年現在，日本の森林のうち，約3分の2が ④ ［　　　　　］，残りが天然林となっている。

(5) 日本ではかつて，遠くの海で長期間にわたって行う ⑤ ［　　　　　］がさかんだったが，1970年代から各国が排他的経済水域を設定したことで漁獲量が減少した。

(6) 日本では近年，「とる漁業」だけではなく，養殖業や ⑥ ［　　　　　］といった「育てる漁業」が推進されている。

復習メモ

日本の石油の輸入先は，サウジアラビアやアラブ首長国連邦（UAE）など，ペルシャ湾岸諸国が中心である。

火力発電所は燃料の輸入がしやすい，工業地域の沿岸部に立地しているよ。

くわしく

1 (5) 再生可能エネルギーは，発電量が天候によって左右されたり，発電量当たりの費用が高くつくなど課題も多い。

復習メモ

品種改良などにより，味のよい銘柄米（ブランド米）の栽培が各地で行われている。

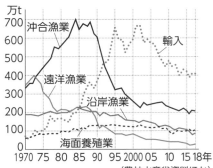

沖合漁業／輸入／遠洋漁業／沿岸漁業／海面養殖業

万t 700 600 500 400 300 200 100

1970 75 80 85 90 95 2000 05 10 15 18年
（農林水産省資料ほか）

3 日本の工業，商業・サービス業

(1) 日本の工業は，中京・阪神・ ① ［＿＿＿＿］・
北九州の四大工業地帯を中心に発展してきた
が，地位が低下している北九州を除いて三大工
業地帯とよぶことも多い。

(2) 戦後から高度経済成長期には，燃料や原材料
を輸入し，工業製品を製造して海外に輸出する
② ［＿＿＿＿］で発展した。

(3) 多くの工場が海外に移転することでおこる国内産業の衰退を
③ ［＿＿＿＿］という。

(4) 現在の日本では，インターネットの普及などにともない，
④ ［＿＿＿＿］（ICT）産業が発展している。

(5) 中京工業地帯は，豊田市を中心として生産される ⑤ ［＿＿＿＿］を
中心に，輸送機械の割合が多いのが特徴である。

(6) 京葉・東海・瀬戸内の各工業地域は，関東地方から九州地方にかけ
て帯状に連なる ⑥ ［＿＿＿＿］の臨海部に発達した。

(7) 農林水産業は ⑦ ［＿＿＿＿］産業，鉱工業や建設業は
⑧ ［＿＿＿＿］産業，商業やサービス業は ⑨ ［＿＿＿＿］産業に分類
される。

(8) 商業は，消費者に商品を販売する小売業と，生産者から商品を仕入
れて小売業者に売りわたす ⑩ ［＿＿＿＿］とに分けられる。

	金属	機械	化学	食料品	せんい	その他
中京工業地帯 57.8兆円	9.4%	機械 69.4	6.2	4.7	0.8	その他 9.5
阪神工業地帯 33.1兆円	20.7%	36.9	17.0	11.0	1.3	13.1
京浜工業地帯 26.0兆円	8.9%	49.4	17.7	11.0	0.4	12.6

(2017年)（2020/21「日本国勢図会」)

📝 **復習メモ**

第1次産業は自然にあるもの
を直接利用し，第2次産業は地
下資源の採掘や工業製品・建物
などをつくる。第3次産業は生
産に直接かかわらない。

4 日本の交通・通信

(1) 海外との貿易で，小型軽量で高額な電子部品などを輸送する際に
は，① ［＿＿＿＿］が用いられている。

(2) 本州と九州は関門トンネルと関門橋，本州と北海道は
② ［＿＿＿＿］トンネル，本州と四国は ③ ［＿＿＿＿］連絡橋によっ
て，それぞれ結ばれている。

(3) 国内の輸送量のうち，最も大きな割合を占める輸送機関は，旅客・
貨物とも ④ ［＿＿＿＿］である。

(4) 日本では通信ケーブルや人工衛星を利用した，大量のデータを送
受信できる ⑤ ［＿＿＿＿］網が整備されている。

(5) 情報社会の課題の1つとして，パソコンやスマートフォンなどの機
器や技術を利用できる人とできない人との間で生じる ⑥ ［＿＿＿＿］
の問題がある。

🔍 **くわしく**

4 (1) 重量のある機械類などは
大型のコンテナ船，石油や天然
ガスなどは専用のタンカーで輸
送される。

🔍 **くわしく**

4 (2) 本州と四国は，児島・坂
出ルート（瀬戸大橋），神戸・鳴
門ルート（大鳴門橋と明石海峡
大橋），尾道・今治ルート（瀬戸
内しまなみ海道）の3つによっ
て結ばれている。

Try! −応用問題−

解答 ➡ 別冊 p.4

1 次の問いに答えなさい。

(1) 右のグラフは，日本のおもな鉱産資源の輸入先を
示したものです。グラフ中の**A～D**にあてはまる国
を，それぞれ答えなさい。

A [　　　　　　　　　]
B [　　　　　　　　　]
C [　　　　　　　　　]
D [　　　　　　　　　]

アメリカ 8.5 ── その他 3.5
インドネシア 11.9

石炭
2兆5282億円

| A 58.8% |
ロシア 9.9 ── カナダ 7.4

アメリカ 2.2
カナダ 7.7

鉄鉱石
1兆1883億円

| A 51.6% | B 28.2 |
南アフリカ共和国 3.2 ── その他 7.1

カタール 8.7 ── ロシア 5.5

原油
7兆9690億円

| C 35.6% | D 29.9 |
クウェート 8.4 ── その他 11.9

(2019年) (2020/21「日本国勢図会」)

(2) 原子力発電についての説明として正しくないもの
を，次の**ア～エ**から選びなさい。

ア ウランやプルトニウムなどを燃料としている。

イ 日本の原子力発電所は，沿岸部に立地している。

ウ 欧米諸国の中で，特にフランスは発電量に占める原子力の割合が高い。

エ 日本では2010年代以降，発電量に占める原子力の割合が増加し続けている。　　[　　　　　]

(3) 太陽光，地熱，風力，バイオマスなど，くり返し利用できるエネルギーは，クリーンエネルギーや
(　　　　　　)エネルギーとよばれます。空欄に入る語句を漢字4字で答えなさい。

[　　　　　　　　　]

2 次の問いに答えなさい。

(1) 右の地図中の**A～D**にあてはまる農産物を，次か
らそれぞれ選んで書きなさい。

```
豚   乳牛   茶   米   みかん
さくらんぼ   りんご
```

A [　　　　　] B [　　　　　]

C [　　　　　] D [　　　　　]

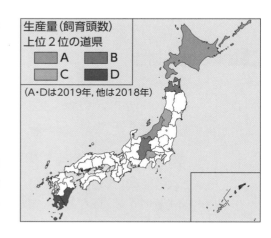

生産量(飼育頭数)
上位2位の道県

| ▨ A | ▨ B |
| ▨ C | ▨ D |

(A・Dは2019年，他は2018年)

(2) 日本各地には天然や人工の美林があり，東北地方
の青森（ ① ），紀伊山地の吉野（ ② ）などが
有名です。①・②に入る語句を，次の**ア～オ**からそ
れぞれ選びなさい。

ア すぎ　**イ** まつ　**ウ** ぶな　**エ** ひば　**オ** ひのき

①[　　　　　] ②[　　　　　]

(3) 日本では近年，「とる漁業」から「育てる漁業」への転換が進められていますが，このうち栽培漁
業とは，どのような漁業ですか。簡単に説明しなさい。

[

3 次の問いに答えなさい。

(1) 右の**A〜D**のグラフにあてはまる工業地帯（地域）を，次の**ア〜エ**からそれぞれ選びなさい。

　　ア 阪神工業地帯　　**イ** 京葉工業地域
　　ウ 中京工業地帯　　**エ** 東海工業地域

　　　　　A〔　　　　〕　B〔　　　　〕
　　　　　C〔　　　　〕　D〔　　　　〕

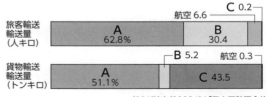

		食料品	化学	その他
A 57.8兆円	金属 9.4%	機械69.4	6.2 4.7	9.5

せんい 0.8 ―1.3

| B 33.1兆円 | 20.7% | 36.9 | 17.0 | 11.0 | 13.1 |

―7.8%　　　　　　　　　0.7

| C 16.9兆円 | | 51.7 | 11.0 | 13.7 | 15.1 |

0.2

| D 12.2兆円 | 21.5% | 13.1 | 39.9 | 15.8 | 9.5 |

(2017年) (2020/21「日本国勢図会」)

(2) 日本の工業の推移に関する次の**ア〜エ**のできごとを，年代の古い順に並べ替えなさい。

　　ア 太平洋ベルトの形成
　　イ 四大工業地帯の形成
　　ウ 国内での産業の空洞化
　　エ 欧米諸国との貿易摩擦

〔　　→　　→　　→　　〕

(3) 次の**ア〜カ**の産業について，①第1次産業，②第2次産業，③第3次産業にあてはまるものを，それぞれ2つずつ選びなさい。

　　ア 建設業　　**イ** 飲食業　　**ウ** 水産業　　**エ** 鉱業　　**オ** 運輸業　　**カ** 林業

①〔　　〕〔　　〕　②〔　　〕〔　　〕　③〔　　〕〔　　〕

4 次の問いに答えなさい。

(1) 右のグラフは，日本国内の旅客輸送と貨物輸送における，輸送機関別の輸送量の割合を示したものです。**A〜C**の輸送機関のうち，**A**と**B**の組み合わせとして正しいものを，次の**ア〜エ**から選びなさい。

航空 6.6　　C 0.2

| 旅客輸送 輸送量 (人キロ) | A 62.8% | B 30.4 | |

―B 5.2　　航空 0.3

| 貨物輸送 輸送量 (トンキロ) | A 51.1% | | C 43.5 |

(2017年) (2020/21「日本国勢図会」)

　　ア **A**−鉄道，**B**−自動車　　**イ** **A**−鉄道，**B**−船
　　ウ **A**−自動車，**B**−鉄道　　**エ** **A**−自動車，**B**−船

〔　　　〕

(2) 世界と日本を結ぶ交通についての説明として正しいものを，次の**ア〜エ**から選びなさい。

　　ア 現在（2019年），日本の最大の輸入相手国はアメリカ合衆国である。
　　イ 海外との貿易で，原油や天然ガスなどは大型のコンテナ船で輸送される。
　　ウ 近年，海外への旅行者が急増したことで，インバウンド消費が増えている。
　　エ 近年，LCCとよばれる低価格の航空会社の路線が拡大している。

〔　　　〕

(3) 近年，進歩がめざましい情報通信技術の略称を，アルファベット3字で答えなさい。

〔　　　　　　〕

(4) 情報社会の課題の1つであるデジタルデバイドとは，どのような問題ですか。簡単に説明しなさい。

〔　　　　　　　　　　　　　　　　　　　　　　　　　　　〕

6 日本の諸地域

Check! −基本問題−

解答 ➡ 別冊p.5

　に適する語句を書きなさい。

1 九州地方，中国・四国地方

(1) 九州地方南部には，火山の噴出物が積もった ① 　　　 の台地が広がっており，稲作には適さない地帯となっている。

(2) 筑紫平野では稲作とともに，冬に裏作の小麦を栽培する ② 　　　 も行われている。

(3) 1970年代，九州地方に電子部品工場が進出し，アメリカのシリコンバレーにちなんで ③ 　　　 とよばれるようになった。

(4) 中国・四国地方は，右の地図のように3つの地域に区分される。

(5) 讃岐平野では降水量が少ないために水不足になりやすく，その対策として ⑦ 　　　 や用水路が多くつくられてきた。

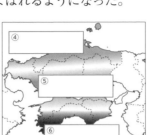

(6) 高知平野ではビニールハウスを利用して，なすやピーマンを他の地域より早く出荷する ⑧ 　　　 が行われている。

2 近畿地方，中部地方

(1) 大阪市は，江戸時代には「天下の ① 　　　 」とよばれた。

(2) 1994年，泉州沖の人工島に ② 　　　 が開港した。

(3) 志摩半島の英虞湾は， ③ 　　　 の養殖の発祥地である。

(4) 東大阪市には，高い技術力をもつ優れた ④ 　　　 企業が多い。

(5) 中部地方は，右の地図のように3つの地域に区分される。

(6) 伊勢湾岸にある ⑧ 　　　 は日本最大の工業地帯であり，ほかの工業地帯・地域と比べて ⑨ 　　　 工業の割合が大きい。

くわしく

1 (1) シラスの台地はもろくてくずれやすいため，斜面では豪雨による土砂災害がおこりやすい。

復習メモ

1970年代に進出した電子部品工場は，空港や高速道路沿いにつくられた。

中国地方は，北部を山陰，南部を山陽と2つに分けることもあるよ。

くわしく

2 (2) 日本で初めての24時間空港として開港した。

くわしく

2 (6) 中京工業地帯では自動車産業のほか，名古屋市で航空機産業，四日市市（三重県）で石油化学工業，瀬戸市（愛知県）で窯業（陶磁器の生産）などがさかんである。

(7) 渥美半島では，電照菊や野菜，花などを温室やビニールハウスで栽培する ⑩ ☐ がさかんである。

(8) 四日市市では，四大公害病の1つである ⑪ ☐ が発生したが，公害を防ぐ装置の導入を義務化するなどして克服した。

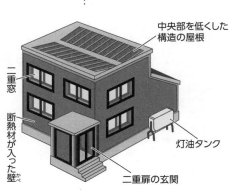
復習メモ
四大公害病…水俣病（熊本県），新潟水俣病，四日市ぜんそく，イタイイタイ病（富山県）

3 関東地方

(1) 東京23区や横浜市などでは，周辺部よりも気温が高くなる ① ☐ 現象がしばしば発生する。

(2) 東京大都市圏には，横浜市，川崎市，相模原市， ② ☐ ，千葉市の5つの ③ ☐ がある。

(3) 東京大都市圏では1960年代以降，郊外の丘陵地に ④ ☐ が建設され，郊外の人口が増加する ⑤ ☐ 現象がおきた。

(4) ⑥ ☐ は四大工業地帯の1つで，出版・印刷業がさかんなほか，近年は情報通信産業が成長している。

(5) 関東平野では，日本最大の消費地があるため，新鮮な野菜づくりを中心とした ⑦ ☐ 農業がさかんである。

(6) 千葉県の ⑧ ☐ 港は全国1位の水揚げ量（2019年）をほこり，いわし，あじ，さばなど魚種も豊富である。

くわしく
3 (1) ヒートアイランドは，「熱の島」という意味。都心はエアコンや自動車から排出される熱が多く，コンクリートのビルやアスファルトの道路も多いため，熱をためやすい。

くわしく
3 (5) 茨城県のはくさいやレタス，千葉県のねぎやだいこんは，全国で1・2を争う生産量である。

4 東北地方，北海道

(1) 三陸海岸の中南部は，山地が海に沈んでできた，小さな岬と深い湾が連続した ① ☐ が続いている。

(2) ② ☐ は初夏に吹く湿った北東風で，太平洋側ではこの風による冷気や霧が原因で低温になり，冷害がしばしば発生する。

(3) 2011年3月11日に発生した ③ ☐ 地震と，それにともなって発生した災害をまとめて東日本大震災という。

(4) 北海道では積雪対策として，雪が積もらない構造の屋根をもつ家屋が増えており，都市の道路では地下に埋めた排水パイプに温水を流して雪をとかす ④ ☐ のしくみがある。

(5) 北海道南東部の ⑤ ☐ 台地では，乳牛を飼育して，牛乳やチーズ，バターなどに加工する ⑥ ☐ がさかんである。

復習メモ
おもなリアス海岸…三陸海岸（岩手県・宮城県），志摩半島（三重県），若狭湾（福井県）

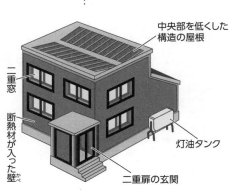

中央部を低くした構造の屋根
二重窓
断熱材が入った壁
灯油タンク
二重扉の玄関

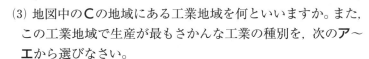

解答 ➡ 別冊 p.5

1 右の地図を見て, 次の問いに答えなさい。

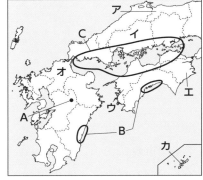

(1) 地図中の**A**にある, 世界最大級のカルデラがある山の名称を答えなさい。 [　　　　　　　　]

(2) 地図中の**B**の地域では, どのような農業が行われていますか。農業の名称に触れながら, 簡単に説明しなさい。

[　　　　　　　　　　　　　　　　　　　　　　]

(3) 地図中の**C**の地域にある工業地域を何といいますか。また, この工業地域で生産が最もさかんな工業の種別を, 次の**ア〜エ**から選びなさい。

　　ア　機械　　イ　金属　　ウ　化学　　エ　食料品

工業地域 [　　　　　　] 種別 [　　　　]

(4) 次の①〜③の文にあてはまる県を, 地図中の**ア〜カ**からそれぞれ選びなさい。

① 全国有数の砂丘があり, らっきょうなどが栽培されてる。 [　　　　]

② 日本にある米軍基地の面積の約4分の3が集中している。 [　　　　]

③ 筑後川が流れ, 下流域にはクリークとよばれる水路がめぐらされている。 [　　　　]

2 右の地図を見て, 次の問いに答えなさい。

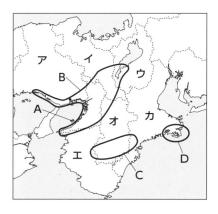

(1) 地図中の**A**にある, 人工島の上につくられた24時間利用可能な空港の名称を答えなさい。 [　　　　　　　　]

(2) 地図中の**B**の地域にある工業地帯のうち, 高い技術力をもつ中小企業が多く集まり, 提携して人工衛星を開発したことで知られる市はどこですか。次の**ア〜エ**から選びなさい。

　　ア　神戸市　　　　イ　伊丹市
　　ウ　東大阪市　　　エ　堺市 [　　　　]

(3) 地図中の**C**の地域でさかんな産業を, 次の**ア〜エ**から選びなさい。

　　ア　林業　　イ　畜産業　　ウ　酒造業　　エ　卸売業

[　　　　]

(4) 地図中の**D**の地域に見られる, 山地が海に沈んでできた海岸を何といいますか。

[　　　　　　　　]

(5) 次の①〜③の文にあてはまる府県を, 地図中の**ア〜カ**からそれぞれ選びなさい。

① みかんをはじめ, 梅や柿などの栽培がさかんである。 [　　　　]

② 法隆寺や東大寺など, 世界文化遺産に登録されている寺社が数多くある。 [　　　　]

③ 歴史的な町並みが保存され, 西陣織や清水焼などの伝統的工芸品も有名である。 [　　　　]

3 右の地図を見て，次の問いに答えなさい。

(1) 地図中の**A**の地域で栽培がさかんな農産物を，次の**ア**〜**エ**から選びなさい。

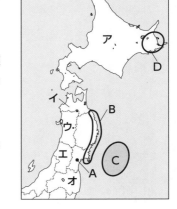

ア だいこん　　イ 茶
ウ ピーマン　　エ レタス　　　　　　　　[　　　　　]

(2) 地図中の**B**の地域に多く立地している発電所を，次の**ア**〜**エ**から選びなさい。

ア 水力発電所　　イ 原子力発電所
ウ 火力発電所　　エ 風力発電所　　　　　[　　　　　]

(3) 地図中の**C**の地域にある工業地帯を何といいますか。また，この工業地帯で生産がさかんな工業製品を，次の**ア**〜**エ**から選びなさい。

ア 自動車　　イ オートバイ　　ウ 半導体　　エ 紙・パルプ

工業地帯[　　　　　]　工業製品[　　　　　]

(4) 次の①〜③の文にあてはまる都県を，地図中の**ア**〜**カ**からそれぞれ選びなさい。
　① 伊豆諸島や小笠原諸島などの離島が属している。　　　　[　　　　　]
　② 多くの扇状地が見られる甲府盆地では，ワインづくりがさかんである。　[　　　　　]
　③ 輪島塗や九谷焼，加賀友禅などの伝統的工芸品が有名である。　[　　　　　]

4 右の地図を見て，次の問いに答えなさい。

(1) 地図中の**A**は，東北地方の地方中枢都市で，毎年8月に七夕まつりが行われることでも有名です。この都市の名称を答えなさい。

[　　　　　　　　　　]

(2) 地図中の**B**の地域は，2011年の東北地方太平洋沖地震の際，地震にともなって生じた自然災害により大きな被害が生じました。その自然災害とは何ですか。

[　　　　　　　　　　]

(3) 地図中の**C**の海域は，魚の種類・量とも豊富な好漁場となっています。その理由を簡単に説明しなさい。

[　　　　　　　　　　　　　　　　　　　　　　　]

(4) 地図中の**D**の地域でさかんな農業を，次の**ア**〜**エ**から選びなさい。

ア 稲作　　イ 輪作　　ウ 酪農　　エ 近郊農業　　[　　　　　]

(5) 次の①〜③の文にあてはまる道県を，地図中の**ア**〜**オ**からそれぞれ選びなさい。
　① 伝統的な民俗行事のなまはげが受けつがれている。　　[　　　　　]
　② 梅雨の影響をあまり受けず，台風の被害も多くない。　　[　　　　　]
　③ おうとう(さくらんぼ)と西洋なしの生産量が全国1位(2018年)である。　[　　　　　]

7 古代までの日本と世界

Check! －基本問題－

解答 ➡ 別冊p.6

　　　　に適する語句を書きなさい。

1 人類の出現〜古墳時代

(1) 氷河時代の人類が使っていた道具を ① 　　　　　石器といい, この時代を ② 　　　　　時代という。

(2) チグリス川・ユーフラテス川流域では ③ 　　　　　文明が発生し, ④ 　　　　　文字が使われた。

(3) 7世紀初め, ムハンマドがアラビア半島で唯一神アラーを信仰する ⑤ 　　　　　教をおこした。

(4) 紀元前4世紀ごろ, 大陸や朝鮮半島から ⑥ 　　　　　が伝わり, 水田がつくられた。また, ⑦ 　　　　　や鉄器などの金属器も伝来した。

(5) 220年, 中国で漢(後漢)がほろびたあと, 魏・呉・蜀が争った時代を, ⑧ 　　　　　時代という。

(6) 3世紀後半ごろ, 西日本で巨大な人工の墓, ⑨ 　　　　　がつくられ始めた。

(7) 朝鮮半島から日本列島に移り住む ⑩ 　　　　　により, 焼き物や漢字, 儒学など進んだ技術が伝わった。

2 飛鳥時代

(1) 6世紀末, ① 　　　　　は中国を統一し, 律令を定め, 刑罰や行政のしくみ, 税のしくみなどを整えた。

(2) 高句麗・新羅・百済の三国が分立していた朝鮮半島は, 676年に ② 　　　　　によって統一された。

(3) 中国の進んだ制度や文化を取り入れるため, 聖徳太子は, 607年, ③ 　　　　　を遣隋使として派遣した。

(4) このころ, 飛鳥地方を中心に栄えた ④ 　　　　　文化は, 日本で最初の仏教文化である。

(5) 天智天皇の死後, 子の大友皇子と弟の大海人皇子が, 皇位をめぐって ⑤ 　　　　　がおき, 勝利した大海人皇子が即位して ⑥ 　　　　　天皇となった。

くわしく

1 (2) 四大河文明と文字
象形文字 (エジプト文明)

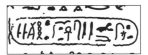

くさび形文字
(メソポタミア文明)

インダス文字 (インダス文明)

甲骨文字 (中国文明)

くわしく

2 (1) 律令
律…刑罰に関するきまり。
令…政治を行う上でのきまり。

3 奈良時代

(1) 710年，唐の長安にならってつくられた ① ＿＿＿＿＿ に都が移され，ここで政治が営まれた80年余りを ② ＿＿＿＿＿ 時代という。

(2) 朝廷は律令制のもとで，人々を ③ ＿＿＿＿＿ に登録し，6歳以上の男女に ④ ＿＿＿＿＿ をあたえた。

(3) 743年，国は ⑤ ＿＿＿＿＿ を出し，新しく開墾した土地は永久に私有してもよいことになった。

(4) 朝廷は唐の制度や文化を取り入れようと ⑥ ＿＿＿＿＿ を派遣していたため，唐の影響を受けた文化が栄えた。

(5) 聖武天皇により平城京に建てられた ⑦ ＿＿＿＿＿ には，大仏や正倉院の宝庫がある。

(6) 8世紀，日本の成り立ちをまとめた「 ⑧ ＿＿＿＿＿ 」「日本書紀」がつくられた。

4 平安時代

(1) 桓武天皇は，784年，都を平城京から ① ＿＿＿＿＿ へ移し，794年には， ② ＿＿＿＿＿ をつくり遷都した。

(2) 桓武天皇は，蝦夷の平定のため， ③ ＿＿＿＿＿ を征夷大将軍として派遣し，東北地方の支配を拡大した。

(3) 平安時代初め，仏教にも新しい動きがあり， ④ ＿＿＿＿＿ は比叡山に延暦寺を建て， ⑤ ＿＿＿＿＿ を開いた。 ⑥ ＿＿＿＿＿ は高野山に金剛峯寺を建て， ⑦ ＿＿＿＿＿ を開いた。

(4) 藤原氏は摂政，関白の座につき，政治の実権をにぎった。このしくみを ⑧ ＿＿＿＿＿ という。

(5) 藤原道長とその子の ⑨ ＿＿＿＿＿ のころが，摂関政治の全盛期であった。

(6) 10世紀ごろには，地方の政治は国司に任されるようになり，貴族や寺社は ⑩ ＿＿＿＿＿ という私有地をもつようになった。

(7) ⑪ ＿＿＿＿＿ ができたことにより，日本語を自由に表現できるようになり，多くの文学が誕生した。

(8) 紀貫之らの「 ⑫ ＿＿＿＿＿ 」，紫式部の「 ⑬ ＿＿＿＿＿ 」，清少納言の「枕草子」などの文学作品が生まれた。

🔍 くわしく

3 (3) 人々にあたえられた口分田は死ぬと国に返されたが，人口の増加にともなって口分田が足りなくなり，開墾が推奨されるようになった。

🔍 くわしく

4 (1) 平安京遷都から鎌倉幕府成立までの約400年間を平安時代という。

遣唐使が停止されたことで，それまで取り入れた唐の文化を消化しながらも，日本の風土や生活に合った文化が発達したんだよ。

🔍 くわしく

4 (8) 平安時代の文学

種類	作品名	作者など
歌集	古今和歌集	紀貫之ら
物語	竹取物語	不明
	源氏物語	紫式部
日記	土佐日記	紀貫之
随筆	枕草子	清少納言

解答 ➡ 別冊p.6

Try! −応用問題−

1 右の地図を見て，次の問いに答えなさい。

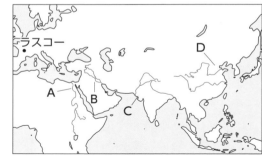

(1) 地図中の「ラスコー」の洞窟で，クロマニョン人に
よってつくられたものが発見されました。発見され
たものを，次のア〜エから選びなさい。

　　ア　水路　　イ　壁画　　ウ　墓　　エ　神殿

　　　　　　　　　　　　　　　　〔　　　　　　〕

(2) 地図中のA〜Dは，四大河文明の発生した地域
を示しています。それぞれの文明の名前を書きな
さい。

　　　　　　　　A〔　　　　　　　　　〕　B〔　　　　　　　　　〕
　　　　　　　　C〔　　　　　　　　　〕　D〔　　　　　　　　　〕

(3) 次のア〜オと関係のある文明を，地図中のA〜Dからそれぞれ選びなさい。

　　ア　太陰暦　　イ　象形文字　　ウ　太陽暦　　エ　甲骨文字　　オ　インダス文字

　　　　　ア〔　　　〕イ〔　　　〕ウ〔　　　〕エ〔　　　〕オ〔　　　〕

(4) 地図中のA〜Dの地域に流れる川の名前をそれぞれ書きなさい。

　　　　　　A〔　　　　　　　　〕B〔　　　　　　　〕・〔　　　　　　〕
　　　　　　C〔　　　　　　　　〕D〔　　　　　　　〕・〔　　　　　　〕

2 次の問いに答えなさい。

(1) 縄文時代と弥生時代のようすを説明した文として適切なものを，次のア〜エからそれぞれすべ
て選びなさい。

　　ア　青銅器や鉄器などの金属器を使っていた。　イ　厚手で黒褐色の土器を使っていた。
　　ウ　稲作がさかんに行われ，定住していた。　　エ　動物の肉や木の実を食べていた。

　　　　　　　　　縄文時代〔　　　　　　　〕　　弥生時代〔　　　　　　　〕

(2) 239年，中国に使いを送った卑弥呼は，何という国の女王でしたか。

　　　　　　　　　　　　　　　　　　　　　　　　　〔　　　　　　　　　〕

(3) 卑弥呼は，中国の皇帝から何という称号をあたえられましたか。

　　　　　　　　　　　　　　　　　　　　　　　　　〔　　　　　　　　　〕

(4) 3世紀後半ごろの西日本のようすについて，次の①・②の問いに答えなさい。
　　① 西日本で成立した有力な豪族の連合を何といいますか。

　　　　　　　　　　　　　　　　　　　　　　　　　〔　　　　　　　　　〕

　　② 西日本でつくられ始めた古墳とはどのようなものか，簡単に書きなさい。

　　〔

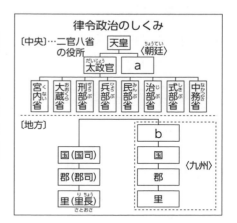

3 次の文を読んで，あとの問いに答えなさい。

> 大化の改新により，律令国家建設が始まった。　①　の乱に勝利して即位した天武天皇は，豪族への支配を強化した。701年，　②　の律令にならった大宝律令が定められ，律令国家の体制が固まった。

(1) 文中の　①　，　②　にあてはまる語句を書きなさい。

①〔　　　　　　　　〕　②〔　　　　　　　　〕

(2) 下線部について，次の①・②の問いに答えなさい。

① 右の資料中の**a**，**b**にあてはまる語句を書きなさい。

a〔　　　　　　　　〕　**b**〔　　　　　　　　〕

② 資料中の国司には，都からどのような人が任命されましたか。　〔　　　　　　　　〕

4 次の問いに答えなさい。

(1) 班田収授法が実施されている場合，右の家族のうち，口分田をあたえられる人は何人ですか。

〔　　　　　　　　〕

> 祖母（65歳）　父（41歳）　母（37歳）
> 長男（14歳）　次男（11歳）
> 長女（8歳）　次女（5歳）

(2) 墾田永年私財法が出された結果，どのようになりましたか。次の**ア**〜**エ**から選びなさい。

ア 天皇の権力が強まった。　　**イ** 巨大な墓がつくられるようになった。

ウ 貴族や寺社の私有地が増加した。　　**エ** 農民の生活が楽になった。　〔　　　　〕

(3) 奈良時代にまとめられた，日本最古の歌集を何といいますか。　〔　　　　　　　　〕

5 次の問いに答えなさい。

(1) 平安京に都を移した天皇が行った政治の内容としてあてはまらないものを，次の**ア**〜**エ**から選びなさい。

ア 口分田の支給を12年に１回にした。

イ 坂上田村麻呂を東北地方に遠征させた。

ウ 日本書紀の編さんを命じた。

エ 農民などを兵役にとることをやめた。　〔　　　　〕

(2) 遣唐使の停止のころから，日本にはどのような文化が発達しましたか。右の資料を参考に，「唐の文化」の語句を使って，簡単に説明しなさい。

〔　　　　　　　　　　　　　　　　　　　　　　　　　　　　　　　　〕

8 中世の日本と世界

Check! －基本問題－

解答 ➡ 別冊p.7

　に適する語句を書きなさい。

1 武士の成長～院政

(1) 東北地方の合戦後，藤原清衡は東北地方を支配下におさめ，平泉を根拠地とし，① 　　　　 が栄えた。

(2) 白河天皇は1086年に退位し，② 　　　　 となり，院で政治を行う③ 　　　　 を始めた。

(3) 院と大寺院の間ではしばしば対立がおき，大寺院の中には，④ 　　　　 とよばれる武装した僧を置いたところもあった。

(4) 1156年，後白河天皇と崇徳上皇が対立し，⑤ 　　　　 の乱がおこった。

(5) 1159年，後白河上皇の側近内での対立と，平清盛と源義朝の対立が結びつき，⑥ 　　　　 の乱がおこり，勝利した⑦ 　　　　 が政治の実権をにぎった。

(6) ⑧ 　　　　 は，弟の義経らを派遣し，一ノ谷の戦い，屋島の戦いで平氏の軍を破り，1185年，⑨ 　　　　 の戦いで平氏をほろぼした。

2 鎌倉幕府の成立

(1) 将軍と主従関係を結んだ武士を① 　　　　 といい，将軍が領地を保護したり，新たにあたえたりすることを② 　　　　，それに対して将軍に忠誠を誓い，戦時には出陣することを③ 　　　　 という。

(2) 源頼朝の死後，北条時政は④ 　　　　 となり政治の実権をにぎり，以降北条氏がその地位を引き継いでいった。

(3) 1221年，⑤ 　　　　 が政治の実権を朝廷に取り戻そうと⑥ 　　　　 の乱をおこしたが，幕府軍が上皇側を破った。

(4) 宋に渡って⑦ 　　　　 を学んだ⑧ 　　　　 と道元は，それぞれ臨済宗と曹洞宗を日本に伝えた。

(5) 文学では，藤原定家らが編さんした和歌集「⑨ 　　　　」や，鴨長明の「⑩ 　　　　」，兼好法師の「⑪ 　　　　」などの随筆が書かれた。

✅ **復習メモ**
地方では，田の開墾にはげみ，土地を拡大させた有力な農民が豪族となり力をもった。豪族たちは，土地の奪い合いや国司からの税の取り立てに対抗するために武装を始め，そこから武士が生まれたといわれている。

✅ **復習メモ**
鎌倉幕府のしくみ

守護…国ごとに置かれ，御家人の統制や国内の警備，治安維持などを行う。
地頭…荘園・公領ごとに置かれ，土地の管理，税の徴収，治安維持などを行う。

3 室町幕府の成立

(1) 1206年，①_____がモンゴル民族を統一し，1271年には，孫の②_____が国号を元と改めた。

(2) 元は，1274年，1281年の二度にわたり日本へ襲来した。これを③_____という。

(3) ④_____は，鎌倉幕府を倒し朝廷へ政治の実権を取り戻そうとしたが失敗し，隠岐に流された。

(4) 隠岐から京都へ戻った後醍醐天皇は，⑤_____という，公家と武家を統一した天皇中心の新しい政治を始めた。

(5) 京都の北朝と吉野の南朝が並び立ち，60年近く争乱が続いた時代を⑥_____という。

(6) 1338年，足利尊氏は征夷大将軍に任命され，孫の3代将軍の⑦_____のときには，京都の室町で政治が行われた。足利氏の幕府を⑧_____という。

(7) 日明貿易では，貿易船と倭寇を区別するため，⑨_____という証明書を用いた。

4 応仁の乱と室町時代の文化

(1) 商人や手工業者は①_____という同業組合を結成し，営業を独占した。

(2) しだいに自立するようになった村の人々は，②_____という自治組織をつくり，荘園領主や守護に抵抗した。

(3) 農民は，集団で年貢を減らすように交渉したり，土倉や酒屋などをおそい，借金の帳消しを求めるなど，③_____をおこした。

(4) 1467年，室町幕府8代将軍④_____の後継者争いなどが原因でおこった⑤_____は，約11年間続き，京都は焼け野原となり，幕府の権威は失われた。

(5) 戦乱は地方へも拡大し，身分が下の者が実力で上の者を倒す⑥_____の風潮が広まった。

(6) 禅宗寺院では，石と砂だけで大自然を表現した⑦_____という庭園がつくられた。

(7) 中国からもたらされた墨一色で自然を描く⑧_____は，雪舟によって大成された。

(8) 観阿弥・世阿弥親子は，⑨_____を大成した。

🔍 くわしく
3 (1) 元寇でたくさんの御家人が動員されたが，敵の土地を得られたわけでもなかったため，御家人は十分な恩賞が得られなかった。

🔍 くわしく
3 (6) 室町幕府のしくみ
管領…鎌倉幕府の執権にあたる，将軍の補佐役。
鎌倉府…関東を支配するために鎌倉に置いた。

土倉や酒屋は，金融業を営む富豪たちのことをいうよ。農民たちは過重な年貢の支払いができず，彼らから借金をしていたんだ。

🔍 くわしく
4 (4) 応仁の乱の対立関係図

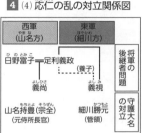

Try! －応用問題－

解答 ➡ 別冊p.7

1 次の文を読み，あとの問いに答えなさい。

> A ａ平治の乱がおこり，のちに武士として初めて□□□□となるｂ平清盛が勝利した。
> B 後白河天皇と崇徳上皇が対立し，武力衝突に発展した。
> C ｃ壇ノ浦の戦いで，源頼朝の弟の源義経が活躍した。
> D 平将門が国司を追放して関東一帯を占領し，自らを新皇と名乗った。

(1) □□□□にあてはまる語句を書きなさい。

[　　　　　　　]

(2) 下線部ａ，ｃのおこった場所を，地図中のア～エからそれぞれ選びなさい。

ａ[　　　] ｃ[　　　]

(3) 下線部ｂが中国と貿易を行った港を，地図中のＰ～Ｓから選びなさい。

[　　　　　　　]

(4) Ａ～Ｄのできごとを，年代の古い順に記号で書きなさい。

[　　→　　→　　→　　]

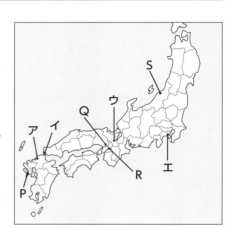

2 鎌倉幕府のしくみを示す右の図を見て，次の問いに答えなさい。

(1) 図中の□Ａ□～□Ｃ□にあてはまる語句をそれぞれ書きなさい。

Ａ[　　　　　]
Ｂ[　　　　　]
Ｃ[　　　　　]

(2) 図のしくみが整った時期を，次のア～エから選びなさい。

ア 源氏が平氏をほろぼしたあと。
イ 源頼朝が征夷大将軍についたあと。
ウ 後鳥羽上皇が隠岐に流されたあと。
エ 御成敗式目（貞永式目）が定められたあと。

[　　　]

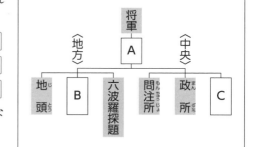

(3) 代々□Ａ□の地位についていた一族を書きなさい。 [　　　　　]

(4) 図中の「六波羅探題」はどのような目的で置かれましたか。「朝廷」の語句を使って，簡単に説明しなさい。

[　　　　　　　　　　　　　　　　　　　　　　　　　]

3 右の年表を見て，次の問いに答えなさい。

(1) 下線部 **a** を行った人物はだれですか。

[　　　　　　　　　　　]

(2) 下線部 **b** のときの，元の皇帝はだれですか。

[　　　　　　　　　　　]

(3) 下線部 **b** の戦いのときの，日本の幕府の執権はだれですか。 [　　　　　　　　]

(4) 下線部 **b** に関することがら，および，下線部 **b** よりあとにおこったできごとを，次の**ア～エ**からすべて選びなさい。

ア 徳政令が出された。

イ 六波羅探題が設置された。

ウ 守護・地頭が設置された。

エ 御家人に十分な恩賞があたえられなかった。

[　　　　　　　　　　　]

年	できごと
1206	a モンゴルが統一される
1221	承久の乱
1274	文永の役 ┐
1281	弘安の役 ┘ b 元寇
1333	鎌倉幕府滅亡
1338	足利尊氏，征夷大将軍に任命される
1392	c 足利義満，南北朝合一
1428	d 正長の土一揆

(5) 下線部 **c** は，中国との勘合貿易を始めましたが，このときの中国の国名を書きなさい。

[　　　　　　　　　　　]

(6) 下線部 **d** は，農民が何を要求しておこしたものですか。 [　　　　　　　　]

4 次の文を読んで，あとの問いに答えなさい。

> 15世紀，11年におよぶ戦乱で，[　①　]の大半は焼け野原となった。この戦乱は[　②　]にも広がり，[　③　]の多くは領地を守るため領国へ戻った。しかし，領国では[　④　]がおこり，武士の反乱も多く，実力で[　③　]にとってかわろうとする者も現れた。

(1) 文中の[　①　]～[　④　]にあてはまる語句を，次の**ア～カ**からそれぞれ選びなさい。

ア 守護大名　　**イ** 名主　　**ウ** 地方

エ 太政大臣　　**オ** 京都　　**カ** 一揆

①[　　　　] ②[　　　　]

③[　　　　] ④[　　　　]

	西 軍 (山名方)	東 軍 (細川方)
将軍の後継者問題	日野富子 ─ X │ 義尚	(養子) 義視
の対立　守護大名	山名持豊 (宗全) (もと Y 長官)	細川勝元 (Z)

(2) 下線部について，次の①～③の問いに答えなさい。

① この戦乱を何といいますか。

[　　　　　　　　　　　]

② この戦乱の，開始時の対立関係を示したのが上の資料です。資料中の[　X　]の将軍名，[　Y　]の武士の統率を行った機関名，[　Z　]の将軍を補佐する役職名を，それぞれ書きなさい。

X[　　　　　　　] Y[　　　　　　　] Z[　　　　　　　]

③ この戦乱は，何が原因でおこりましたか。「将軍」「守護大名」の語句を使って，簡単に説明しなさい。

[　　　　　　　　　　　　　　　　　　　　　　　　　　　　　　　　]

9 近世の日本と世界

Check! −基本問題−

解答 ➡ 別冊p.7

□□ に適する語句を書きなさい。

1 ヨーロッパ世界とイスラム世界

(1) 7世紀, ムハンマド(マホメット)が ①_____ を開いた。

(2) 11世紀, キリスト教の聖地エルサレムが, イスラム教徒のセルジューク朝に占領され, ローマ教皇は聖地奪回のために ②_____ を派遣した。

(3) 14世紀, キリスト教化以前の古代ギリシャ・ローマ文化を復興させようとする ③_____ が始まった。

(4) 1517年, ドイツで ④_____ が, 教会の免罪符販売に対して抗議した。これが ⑤_____ のきっかけとなった。

(5) 1543年, 九州の ⑥_____ に漂着したポルトガル人により鉄砲が伝わり, 国内に普及した。

🔍 くわしく

1 (3)ルネサンスの代表的作品
文学…ダンテ「神曲」
絵画…レオナルド・ダ・ビンチ「最後の晩餐」「モナ=リザ」
彫刻…ミケランジェロ「ダビデ」

✅ 復習メモ
長崎や九州の平戸を中心に, 南蛮人とよばれたポルトガル人やスペイン人との貿易(南蛮貿易)がさかんになった。

2 信長と秀吉の統一事業と桃山文化

(1) 1573年, 織田信長は当時の将軍の ①_____ を京都から追放し, 室町幕府をほろぼした。

(2) 1582年, 信長は本能寺の変で家臣の ②_____ に攻められ自害した。

(3) 豊臣秀吉は度量衡を統一した全国的な土地の調査を行い, 田畑の収穫高を ③_____ で表した。これを ④_____ という。

(4) ふすまや屏風には, 華やかな色彩を用いた絵が描かれた。
⑤_____ の「唐獅子図屏風」が有名。

(5) 茶の湯は, 大名や大商人たちの社交の場として流行し,
⑥_____ が茶道として完成させた。

桃山文化は, 天守閣をもった城が築かれるなど, 豪華で壮大なところが特色だよ。

3 江戸幕府の成立と鎖国

(1) 1603年, 徳川家康は ①_____ に任命され江戸幕府を開いた。

(2) 1615年, 大名の統制のために ②_____ が定められ, 1635年, 徳川家光のときに, ③_____ が制度化された。

✅ 復習メモ
幕府…将軍が設けた支配のための組織。
藩…将軍によって保障された大名の領地とその支配の組織。

(3) 村には，土地をもち，年貢（ねんぐ）を負担した ④ ☐ と，その下で
耕地をもたずに耕作にあたる ⑤ ☐ がおり，5〜6戸を
まとめて ⑥ ☐ をつくり，犯罪防止や年貢の納入に共同責任
を負わせた。

(4) 1612年，家康は ⑦ ☐ を出して，幕領でキリスト教を厳し
く取り締（し）まった。

(5) 1637年，九州の島原（しまばら）・天草（あまくさ）地方で ⑧ ☐ を大将とする
⑨ ☐ がおこった。

(6) 朝鮮（ちょうせん）は，日本の将軍の代がかわるたびに，⑩ ☐ とい
う使節を派遣することになった。

4 江戸時代の産業・文化・学問

(1) 江戸時代前半，田畑を深く耕せる鉄製の ① ☐ や千歯（せんば）こき，
唐箕（とうみ）などの農具の改良により農業が発達した。

(2) 徳川綱吉（つなよし）のころ，京都や大阪を中心として栄えた町人文化を
② ☐ という。

(3) 製糸（せいし）や織物（おりもの）では，材料や道具などを農民に貸し，加工製品を買
い上げる ③ ☐ のしくみが出現した。

(4) オランダ語の書物を通してヨーロッパの学術・文化などを学ぶ
④ ☐ もさかんになった。

(5) 19世紀初め，江戸の町人を中心とする ⑤ ☐ が栄えた。

5 江戸時代の政治と改革

(1) 徳川綱吉は，① ☐ という動物愛護令を出し，人々を
苦しめた。また，質の悪い貨幣（かへい）を発行して経済を混乱させた。

(2) 江戸幕府8代将軍 ② ☐ は幕府政治の立て直しのため，
③ ☐ を行った。

(3) 徳川吉宗（よしむね）の孫の ④ ☐ は，1787年に老中（ろうじゅう）となり，
⑤ ☐ を行った。

(4) 1825年，幕府は ⑥ ☐ を出し，接近した外国船に砲撃（ほうげき）
し追い返すように命じた。

(5) 1841年，老中の ⑦ ☐ は天保（てんぽう）の改革を始め，人返し令や
⑧ ☐ の解散，上知令（じょうちれい）・上地（あげち）令などの政策を打ったが，大名などの反
発にあい，2年余りで失脚（しっきゃく）した。

✅ **復習メモ**
幕府は1639年にポルトガル船の来航を禁止し，1641年にオランダ商館を平戸から長崎（ながさき）の出島（でじま）に移して鎖国（さこく）を完成させた。

🔍 **くわしく**
④(1) 江戸時代には商品の流通や交通の発達にともない，城下町・港町・宿場町・門前町などがにぎわい，今日の都市の原型ができた。

🔍 **くわしく**
④(5) 文化（ぶんか）・文政（ぶんせい）年間に栄えたことから化政（かせい）文化といわれ，庶民（しょみん）の間では，世の中を風刺（ふうし）した川柳（せんりゅう）や狂歌（きょうか）が流行した。

✅ **復習メモ**
徳川吉宗による享保（きょうほう）の改革（1716〜1745年），松平定信（まつだいらさだのぶ）による寛政（かんせい）の改革（1787〜1793年），水野忠邦（みずのただくに）による天保（てんぽう）の改革（1841〜1843年）は，江戸時代の三大改革とされている。

復習編

9 近世の日本と世界

Try! −応用問題−

解答 ➡ 別冊p.8

1 右の地図を見て，次の問いに答えなさい。

(1) 地図中の**A**は，喜望峰回りでインドに到達した人物の航路，**B**は西インド諸島に到達した人物の航路，**C**は西回りで世界一周を達成した船隊の航路を示しています。それぞれの航海を率いた人物名を書きなさい。

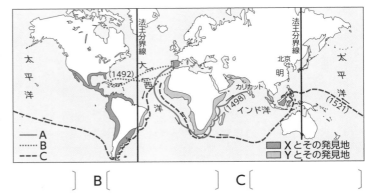

A[　　　　　　] **B**[　　　　　] **C**[　　　　　]

(2) 地図中の**X**と**Y**は，世界各地を航海し，植民地を広げていった国名があてはまります。それぞれの国名を書きなさい。　　**X**[　　　　　] **Y**[　　　　　]

2 右の地図を見て，次の問いに答えなさい。

(1) 地図中の堺の自治権を奪った，尾張出身の戦国大名はだれですか。　　　　　　　　　　[　　　　　　]

(2) 地図中の桶狭間と長篠で行われた戦いで敗れた大名を，それぞれ書きなさい。

桶狭間[　　　　　]

長篠[　　　　　]

(3) (1)の人物が安土城を築いた場所を，地図中の**P**〜**S**から選びなさい。　　[　　　　　]

3 次の文を読んで，あとの問いに答えなさい。

> a豊臣秀吉の死後，家臣内の内部対立からb天下分け目の戦いがおこり，これに勝利した徳川家康は江戸幕府を開いた。幕府はc武家諸法度を定め，参勤交代を制度化した。

(1) 下線部**a**の人物が，明の征服をめざして，①1592年と②1597年に朝鮮に出兵したできごとを，それぞれ何といいますか。　①[　　　　　] ②[　　　　　]

(2) 下線部**b**の戦いは何年におきましたか。　　　　　　　　　　[　　　　　]

(3) 江戸時代の大名は3種類に分けられましたが，その中で下線部**b**の戦い以後に徳川家に従った大名は何とよばれましたか。　　　　　　　　　[　　　　　]

(4) 幕府が下線部**c**を行った目的を，簡単に説明しなさい。

[

4 次の問いに答えなさい。

(1) 江戸時代に次の①〜③の国や地域との関係の深かった藩を，あとの**ア〜カ**からそれぞれ選びなさい。

①朝鮮　②琉球(りゅうきゅう)　③蝦夷地(えぞち)

　　ア 肥前藩(ひぜん)　**イ** 長州藩(ちょうしゅう)　**ウ** 土佐藩(とさ)　**エ** 松前藩(まつまえ)　**オ** 対馬藩(つしま)　**カ** 薩摩藩(さつま)

①[　　　　]　②[　　　　]　③[　　　　]

(2) 次の①〜④の各文の下線部が正しければ○を，誤っていれば正しい語句を書きなさい。

① 北陸・東北地方と江戸を結ぶ航路を西廻り航路(にしまわり)という。　　　　　　[　　　　]

② 唐箕(とうみ)は，風の力で米粒ともみがらを選別する農機具である。　　　　[　　　　]

③ 綿(めん)・菜種(なたね)・藍(あい)など，売って現金を得るための農作物を商品作物という。　[　　　　]

④ 京都(きょうと)には諸藩の年貢米(ねんぐまい)や特産物が集まり，「天下の台所」とよばれた。　[　　　　]

5 右の年表を見て，次の問いに答えなさい。

(1) 年表中の**X**にあてはまる人物名と，その人物が行った改革を何というか書きなさい。

人物名[　　　　　　]

改革[　　　　　　]

(2) 下線部の人物が行った政策を，次の**ア〜カ**からすべて選びなさい。

　　ア 上げ米の制(あ)　**イ** 株仲間の結成を奨励(しょうれい)

　　ウ 長崎貿易の奨励(ながさき)　**エ** 寛政異学の禁(かんせいいがく)

　　オ 印旛沼の干拓(いんばぬまかんたく)　**カ** 生類憐みの令(しょうるいあわれ)

年	できごと
1716	**X** が8代将軍になる
1772	田沼意次(たぬまおきつぐ)が老中(ろうじゅう)となる
1782	天明(てんめい)のききんがおこる
1787	**Y** が老中となる

[　　　　　　　]

(3) 年表中の**Y**の人物は，旗本(はたもと)・御家人(ごけにん)の札差(ふださし)からの借金を帳消しにしたり，昌平坂学問所(しょうへいざかがくもんじょ)をつくったりしました。この人物の名前を書きなさい。

[　　　　　　　]

6 右の地図を見て，次の問いに答えなさい。

(1) 根室(ねむろ)に1792年に来航して漂流民を送り届け，通商を求めたロシア人を，次の**ア〜エ**から選びなさい。

　　ア ザビエル　**イ** ペリー

　　ウ ハリス　**エ** ラクスマン　[　　　　]

(2) レザノフが1804年に来航した場所を，地図中の**ア〜エ**から選びなさい。　[　　　　]

(3) 高野長英(たかのちょうえい)らが幕府から処罰(しょばつ)された理由を，「砲撃(ほうげき)」の語句を使って，簡単に説明しなさい。

[　　　　　　　　　　　　　　　　　　　　]

10 近代の日本と世界

Check! −基本問題−

解答 ➡ 別冊p.8

□ に適する語句を書きなさい。

1 欧米諸国の動向

(1) 16世紀ごろのイギリスでは ① [　　　] という，国王による専制政治が行われていた。

(2) 1776年，北アメリカの各植民地の代表が ② [　　　] を発表し，イギリスからの独立後，初代大統領には ③ [　　　] が選ばれた。

(3) 1789年，フランスの国民議会は「④ [　　　]」を出して，1792年に共和政をしき，翌年には国王を処刑した。

(4) 18世紀に入り，イギリスでは工場制機械工業が出現し，⑤ [　　　] が始まった。

(5) 小国に分かれていたドイツでは，プロイセン首相 ⑥ [　　　] のもとで統一が進み，ドイツ帝国が成立した。

(6) 1840年，イギリスと清との間で ⑦ [　　　] 戦争がおこった。清を降伏させたイギリスは，清にとって不平等な ⑧ [　　　] を結んだ。

2 開国と明治維新

(1) 1854年，幕府はペリーと ① [　　　] を結んで開国し，② [　　　] と函館の2港を開港した。

(2) 1860年，③ [　　　] の変で，井伊直弼は水戸藩などの浪士に暗殺された。

(3) 1868年，天皇は神々に誓う形で ④ [　　　] を出し，新政府の方針を示した。

(4) 1869年，政府は全国の藩主に領地と領民を天皇に返上させた。これを ⑤ [　　　] という。

(5) 江戸時代の身分制度を廃止し，皇族以外はすべて平等とされた。これを ⑥ [　　　] という。

(6) 1872年，政府は ⑦ [　　　] を定め，全国に小学校をつくった。

(7) 近代産業の育成のため，欧米から技術者を招き，新しい技術や知識を導入した。この政策を ⑧ [　　　] という。

くわしく

1 (2) 独立宣言（部分）
われわれは，自明の真理として次のことを信ずる。すなわち，すべての人は平等につくられ，創造主によって一定のおかすことのできない神からあたえられた権利を持ち，その中には，生命・自由および幸福を追求することがふくまれていること。

くわしく

2 (1) 開港地

日米和親条約…函館，下田
日米修好通商条約…函館，神奈川（横浜），長崎，新潟，兵庫（神戸）

3 明治政府と大日本帝国憲法

(1) 1871年，政府は ［①＿＿＿＿＿＿］を全権大使とした岩倉使節団を欧米に派遣した。

(2) 1879年，政府は軍事力で琉球藩を廃止し，［②＿＿＿＿＿＿］を置いた。これを ［③＿＿＿＿］という。

(3) 明治初期の急速な近代化・洋風化の風潮を ［④＿＿＿＿＿］という。

(4) 政府は，［⑤＿＿＿＿＿＿＿＿＿］を出して，10年後の1890年に国会を開くことを約束した。

(5) 帝国議会は，衆議院と ［⑥＿＿＿＿＿＿＿］の二院制で構成された。

(6) 19世紀後半，資本主義が発展した列強の国々は，軍事力を背景に植民地を得るため世界に進出するようになった。この動きを ［⑦＿＿＿＿＿］という。

4 日清戦争・日露戦争

(1) 1894年，外務大臣の ［①＿＿＿＿＿＿］が領事裁判権の撤廃に成功。1911年には，外務大臣の ［②＿＿＿＿＿＿＿＿］が関税自主権の回復に成功した。

(2) 1894年，朝鮮国内で ［③＿＿＿＿＿＿］（東学党の乱）がおき，これをきっかけにおこった清との戦争を ［④＿＿＿＿＿］という。

(3) ロシアはフランス・ドイツとともに，遼東半島を清へ返還することを求めてきた。これを ［⑤＿＿＿＿＿＿］という。

(4) 1904年，日本はロシアに宣戦布告し ［⑥＿＿＿＿＿＿］が始まった。

5 韓国の植民地化・日本の近代化

(1) 1905年，日本は韓国に ［①＿＿＿＿＿＿］を置き，外交権を奪い，1910年には韓国の統治権を日本の天皇に譲るとした ［②＿＿＿＿＿＿］条約を結んだ。

(2) 1911年，［③＿＿＿＿＿＿］がおこり，中国各地に革命運動が広がった。

(3) 日本の軽工業は1880年代後半ごろから発展し，第一次産業革命を迎えた。重工業も日清戦争後に鉄鋼の需要が高まり，1901年に官営の ［④＿＿＿＿＿＿＿］が開業した。

(4) 「坊っちゃん」を書いた ［⑤＿＿＿＿＿＿］や「舞姫」を書いた森鷗外は，独自の文学的境地を開いた。

🔍 **くわしく**
3 (1) 岩倉使節団は不平等条約（日米修好通商条約）の改正交渉を行おうとしたが，失敗した。留学生としてこれに同行した津田梅子は，のちに女子教育の発展に貢献した。

✓ **復習メモ**
板垣退助らは1874年，民撰議院設立の建白書を政府に提出し早期の国会開設を主張した。

✓ **復習メモ**
領事裁判によってイギリス人船長が軽い処罰で済んだノルマントン号事件をきっかけに，国民から領事裁判権の撤廃を求める声があがった。

> 日露戦争では日清戦争のときと違って，賠償金はもらえず，日本国内では不満の声があがり，暴動に発展することもあったよ。

🔍 **くわしく**
5 (2) 孫文の唱えた三民主義
民族主義（民族の独立）
民権主義（民主主義の実現）
民生主義（民衆生活の安定）

Try! −応用問題−

解答 ➡ 別冊p.9

1 右の年表を見て，次の問いに答えなさい。

(1) 下線部**a**に関係する人物を，次の**ア**〜**エ**から選びなさい。

　ア　エリザベス1世　　**イ**　クロムウェル
　ウ　ルター　　　　　　**エ**　ナポレオン
　　　　　　　　　　　　　　　[　　　　　　]

(2) 下線部**c**の著者名を書きなさい。
　　　　　　　　　　[　　　　　　　　　]

(3) 下線部**d**の戦争で司令官として活躍し，のちにアメリカ合衆国の初代大統領となった人物を書きなさい。　[　　　　　　　　]

年	できごと
1642	a<u>ピューリタン（清教徒）革命</u>
1661	ルイ14世による政治開始
1689	b<u>権利章典</u>
1748	「法の精神」が出る
1762	c<u>「社会契約論」</u>が出る
1775	d<u>アメリカ独立戦争</u>
1789	e<u>人権宣言</u>

(4) 下線部**b**，**e**と関係が深いものを，次の**ア**〜**エ**からそれぞれ選びなさい。

　ア　名誉革命　　**イ**　アヘン戦争　　**ウ**　フランス革命　　**エ**　南北戦争

　　　　　　　　　　　　　　　　　　　　　b[　　　　　]　**e**[　　　　　]

2 次の問いに答えなさい。

(1) 次の文の下線部①〜⑤が正しければ○を，誤っていれば正しい語句を書きなさい。

> 開国後，貿易が始まると①<u>生糸・茶</u>などが輸出され，品不足から国内価格が②<u>下降</u>した。一方，桜田門外の変で③<u>井伊直弼</u>が暗殺されると，幕府は勢力の回復をはかり，朝廷の権威と結びつこうとする④<u>尊王攘夷策</u>をとった。また，長州藩では木戸孝允・高杉晋作らが，⑤<u>肥前藩</u>では西郷隆盛・大久保利通らが実権をにぎり，倒幕へと進んだ。

　　①[　　　　　　]　②[　　　　　　]　③[　　　　　　]
　　④[　　　　　　]　⑤[　　　　　　]

(2) 右の資料を見て，次の①・②の問いに答えなさい。

① 資料は，明治新政府の政治方針を示す文書の一部です。これを何といいますか。

　　　　　　　　　[　　　　　　　　　]

② 資料が出された1868年のできごととして誤っているものを，次の**ア**〜**エ**から選びなさい。

　ア　明治と改元する。　　　　**イ**　戊辰戦争が始まる。
　ウ　五榜の掲示が出される。　**エ**　廃藩置県が行われる。

　　　　　　　　　　　　　　　　　　　　　　　　　[　　　　　]

> 一，広ク会議ヲ興シ万機
> 　公論ニ決スヘシ
> 　……（中略）……
> 一，智識ヲ世界ニ求メ大
> 　ニ皇基ヲ振起スヘシ

(3) 海外から専門の技術者を雇った富岡製糸場は，官営模範工場としてつくられました。官営模範工場とはどのようなものか，簡単に説明しなさい。

[　　]

3 右の年表を見て，次の問いに答えなさい。

(1) 下線部 **a** は，どこの国の開国に関連するできごとですか。
次の**ア〜エ**から選びなさい。

ア モンゴル イ 清 ウ ロシア エ 朝鮮

[ ]

(2) 下線部 **b** の説明として正しいものを，次の**ア〜エ**から選び
なさい。

ア 国民には，法律でも制限できない人権が認められた。
イ 天皇が神々に誓う形で発布された。
ウ 国民は，兵役と納税の義務があった。
エ 帝国議会の議決だけで戦争を始められた。

[ ]

年	できごと
1868	明治時代が始まる
↕X	
1875	a江華島事件 カンファド
↕Y	
1881	国会開設の勅諭
↕Z	
1889	b大日本帝国憲法発布

(3) 次の①〜③は年表中の**X〜Z**のどの期間のできごとですか。それぞれ記号で書きなさい。
① 大隈重信を党首として，立憲改進党がつくられた。 [ ]
② 岩倉使節団が欧米諸国から帰国した。 [ ]
③ 鹿児島の士族らが，西南戦争をおこした。 [ ]

4 右の地図を見て，次の問いに答えなさい。

(1) 日清戦争のきっかけとなった，政治改革や外国人の追放を求
めた朝鮮の人々の反乱を何といいますか。

[ ]

(2) 日清戦争の講和会議が行われ，講和条約が調印された場所
を，地図中の**A〜D**から選びなさい。 [ ]

(3) 講和後，日本が清への返還を求められた遼東半島の位置を，
地図中の**ア〜ウ**から選びなさい。 [ ]

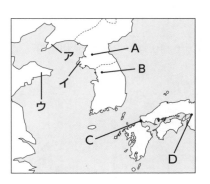

5 右の資料を見て，次の問いに答えなさい。

(1) 資料中の[ ]にあてはまる法律名を書きな
さい。 [ ]

(2) 資料の法律が制定された年のできごとを次の
ア〜エから選びなさい。

ア 関税自主権回復 イ 下関条約締結
ウ 八幡製鉄所開業 エ 韓国併合

[ ]

(3) 資料の法律の内容を簡単に説明しなさい。

[ ]

> [ ]（1911年）
>
> 第2条 工業主ハ12歳未満ノ者ヲシテ工場
> ニ於テ就業セシムルコトヲ得ス。
>
> 第3条 工業主ハ15歳未満ノ者及女子ヲシ
> テ，1日ニ付12時間ヲ超エテ就業
> セシムルコトヲ得ス。

11 二度の世界大戦と日本

Check! －基本問題－　　　　　　　　　　　　　　　解答 ⇒ 別冊p.9

　□に適する語句を書きなさい。

1 第一次世界大戦

(1) 1882年，ドイツ・イタリア・オーストリアは ①□□□□ を，1907年，
フランス・イギリス・ロシアは ②□□□□ を結び，列強諸国は対立
した。

(2) 1914年，オーストリア皇太子夫妻が暗殺される ③□□□□ 事件
がおこり，オーストリアはセルビアに宣戦布告した。

(3) 1917年，ロシアではレーニンの指導により ④□□□□ がおこ
り，（ソビエト）革命政府が成立した。

(4) 日本は ⑤□□□□ を理由に連合国側に立って大戦に参戦した。

(5) シベリア出兵を見こして米が買い占められ，米価が急上昇すると，
富山県の漁村の女性たちが米の安売りを求め米屋におしかける
⑥□□□□ がおこり，この騒ぎは全国に広まった。

(6) 1920年，国際平和を守るための組織，⑦□□□□ がつくられ，
本部はスイスの ⑧□□□□ に置かれた。

2 大正デモクラシー

(1) イギリスの植民地であったインドでは，「非暴力・不服従」を唱える
①□□□□ が指導し，独立運動が行われた。

(2) 大正時代の自由主義・民主主義の傾向が高まった風潮を
②□□□□ という。

(3) 吉野作造は政治に民意を反映させる必要があると説いた。これを
③□□□□ という。

(4) 1918年，④□□□□ が首相となり，初の本格的な政党内閣を組
閣した。

(5) 1924年，加藤高明内閣が組織され，1925年には満25歳以上の男子
に選挙権をあたえる ⑤□□□□ 法と，社会主義運動を取り締まる
⑥□□□□ 法を成立させた。

(6) 新思潮派の ⑦□□□□ は「羅生門」「鼻」などを書いた。

復習メモ
バルカン半島では複数の民族が混在しており，紛争が絶えなかった。ドイツやロシアなどの利害もからみ，いつ戦争がおきてもおかしくないことから「ヨーロッパの火薬庫」とよばれていた。

復習メモ
列強諸国が経済力を第一次世界大戦にまわしているさなか，日本は連合国やその植民地，アメリカなどに工業製品を積極的に輸出したことで好景気となった。

復習メモ
社会運動が高まる中で，社会生活で差別を受けていた人々は部落解放運動を進め，1922年に全国水平社を結成した。

くわしく
2 (5) 選挙は，選挙権の付与に，身分や所得などの条件がある制限選挙と，そのような条件がない普通選挙に分けられる。

3 世界恐慌とファシズム

(1) 1929年，アメリカの ① [_____] で株価が大暴落し深刻な不況がおこったのをきっかけに，世界恐慌がおこった。

(2) 1922年，イタリアで ② [_____] が率いるファシスト党が政権をにぎり，独裁政治を行った。

(3) ドイツでは，国民の支持を集める ③ [_____]（国民社会主義ドイツ労働者党）を率いる ④ [_____] が，1933年に首相となり独裁政治を行った。

(4) 日本も不況となり，1927年には中小銀行の休業があいつぐ ⑤ [_____] がおこった。

(5) 満州の権益を確保するため，現地の日本軍は，1931年，柳条湖事件をおこし，満州全土を占領した。これを ⑥ [_____] という。翌年には満州国を建国した。

(6) 1937年，華北に勢力をのばそうとした日本軍と中国軍が武力衝突した ⑦ [_____] がおこると，そのまま日中戦争へと発展した。

4 第二次世界大戦

(1) ヒトラー率いるドイツは東方への侵略を進めるため，1939年，ソ連と ① [_____] を結び，② [_____] へ侵攻した。

(2) 1940年，日本・ドイツ・イタリアの3か国は ③ [_____] を結び，日本・ドイツ・イタリアとアメリカ・イギリス陣営の対立関係が明確になった。

(3) 日米交渉が行われたが交渉は進まず，1941年12月8日，日本はハワイの ④ [_____] を攻撃し，⑤ [_____] が始まった。

(4) 開戦当初は次々と占領地を広げていた日本だったが，1942年6月の ⑥ [_____] で敗れ，しだいに戦況は悪くなってきた。

(5) 1944年，アメリカは日本本土へ焼夷弾の爆撃を本格化させ，1945年3月の ⑦ [_____] では首都が焼かれ，住民も被害を受けた。

(6) 1945年7月，アメリカ・イギリス・中国は ⑧ [_____] を発表し，日本に無条件降伏を求めた。

(7) アメリカは，1945年8月6日に広島に，8月9日に長崎に ⑨ [_____] を投下した。

✅ 復習メモ
ソ連ではスターリンのもとで五か年計画が行われ，農業の集団化や工業の発展を進めていたため，世界恐慌の影響を受けなかった。

🔍 くわしく
3 (4) 1923年の関東大震災をきっかけに，国内の銀行では手形の決済が困難となり（震災恐慌），1927年には取り付けさわぎがおこって金融恐慌へと発展した。

✅ 復習メモ
日中戦争の長期化により，米や衣料品などの生活必需品は，配給制や切符制となった。

ドイツの侵攻に対し，イギリス・フランスは宣戦布告して，第二次世界大戦が始まったんだ。

✅ 復習メモ
中学生や女学生などを工場で働かせる勤労動員や，文科系の大学生も出陣させられる学徒出陣が行われた。

1 右の年表を見て，次の問いに答えなさい。

(1) 下線部 **a** が起こるきっかけとなった，1914年にオーストリアの皇太子夫妻がセルビア人の民族主義者によって暗殺された事件を何といいますか。〔　　　　　　　　〕

(2) 下線部 **b** で取り決められた内容として正しいものを，次のア〜エから選びなさい。
　　ア　ドイツはすべての植民地を失った。
　　イ　民族自決の原則が，アジアにも適用された。
　　ウ　ドイツは賠償金の支払いを免除された。
　　エ　日本は，中国内のフランス植民地を手に入れた。
〔　　　　　　　　〕

年	できごと
1918	a第一次世界大戦が終わる
1919	bパリ講和会議が開かれる
1921	ワシントン会議が始まる
	・c海軍軍縮条約
	・d四か国条約
	・e九か国条約

(3) 下線部 **c**〜**e** に関係のないものを，次のア〜エから選びなさい。
　　ア　海軍主力艦の保有トン数を制限した。　　イ　中国の独立尊重などを決めた。
　　ウ　太平洋地域の現状維持を決めた。　　エ　朝鮮を独立国として扱うことを認めた。
〔　　　　　　　　〕

(4) 下線部 **d** の結果解消されたロシアの南下政策に対抗する同盟は何ですか。
〔　　　　　　　　〕

2 右の年表を見て，次の問いに答えなさい。

(1) 年表中の□□□にあてはまる内閣総理大臣の名前を書きなさい。
〔　　　　　　　　〕

(2) 年表中の **A** の原因となったできごとを，次のア〜エから選びなさい。
　　ア　藩閥内閣の成立
　　イ　ロシア革命
　　ウ　新婦人協会の設立
　　エ　開拓使官有物払い下げ事件
〔　　　　〕

年	できごと
1912	第一次護憲運動…………A
1914	第一次世界大戦
1918	シベリア出兵…………B
	□□□の政党内閣が成立
1923	関東大震災
1924	第二次護憲運動…………C

(3) 年表中の **B** と最も関係のあるできごとを，次のア〜エから選びなさい。
　　ア　金融恐慌　　イ　五・四運動　　ウ　国際連盟設立　　エ　米騒動　　〔　　　〕

(4) 年表中の **C** の結果成立した加藤高明内閣のときに制定された法律を，次のア〜オから2つ選びなさい。
　　ア　治安警察法　　イ　治安維持法　　ウ　集会条例　　エ　普通選挙法　　オ　工場法
〔　　　〕〔　　　〕

(5) (4)の法律の制定後，1928年の選挙での有権者の資格を簡単に説明しなさい。
〔　　　　　　　　　　　　　　　　　　　　　　　　　　〕

3 右の年表を見て，次の問いに答えなさい。

(1) 次の①〜⑤の説明にあてはまるできごとを，年表中の
A〜Fからそれぞれ選びなさい。
① 北京郊外で戦いが始まった。
② 満州国の独立が承認されなかった。
③ 新体制運動によって政党が解散した。
④ 首相官邸などが陸軍将校に占拠された。
⑤ 関東軍による鉄道爆破から始まった。

①〔　　　〕 ②〔　　　〕 ③〔　　　〕
④〔　　　〕 ⑤〔　　　〕

年	できごと
1927	南京に国民政府樹立……X
1929	世界恐慌
1931	満州事変………………A
1932	五・一五事件…………B
1933	日本，国際連盟脱退……C
1936	二・二六事件…………D
1937	日中戦争開戦…………E
1938	制定
1939	第二次世界大戦開戦
1940	大政翼賛会結成………F

(2) 年表中の　　　　にあてはまる語句を書きなさい。

〔　　　　　　　　〕

(3) 次の①〜③の各文の下線部が正しければ○を，誤って
いれば正しい語句を書きなさい。
① 年表中のXは，孫文の死後，国民党の指導権をにぎった蒋介石によって行われた。
② 年表中のBで，寺内正毅内閣総理大臣が暗殺された。
③ 年表中のEは，柳条湖事件がきっかけになった。

①〔　　　　　　　〕 ②〔　　　　　　　〕 ③〔　　　　　　　〕

(4) 下線部は，ドイツがある国へ侵攻したことから始まりました。ドイツが侵攻した国はどこですか。

〔　　　　　　　　〕

4 右の資料は，日中戦争後期の日本の南進政策に対応した国々を示しています。これを見て，次の
問いに答えなさい。

(1) 資料中のA・Cにあてはまる国名を，それぞれ書きなさい。

A〔　　　　　　〕
C〔　　　　　　〕

(2) 資料中の国々のとった対応を，次のア〜エから選びなさい。
ア　国際連盟からの除名　　イ　資源等輸出の禁止
ウ　日本近海の封鎖　　　　エ　日本への空襲

〔　　　　　〕

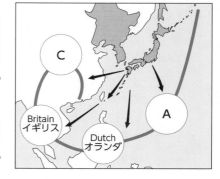

(3) 日本は，南進政策開始以前の1940年に，三国同盟を結ん
でいました。同盟相手の2国を書きなさい。

〔　　　　　〕〔　　　　　〕

(4) 日本が(3)の同盟後の1941年に日ソ中立条約を結んだ目的を，「北方」の語句を使って，簡単に説
明しなさい。

〔

〕

47

12 現代の日本と世界

Check! −基本問題−

解答 ➡ 別冊p.10

☐に適する語句を書きなさい。

1 戦後改革

(1) 第二次世界大戦後，東京には ① ☐ を最高司令官とする
② ☐ （GHQ）が置かれ，連合国軍は
日本を非軍事化・民主化することを方針とし，占領政策を行った。

(2) 1946年，労働三権（団結権・団体交渉権・団体行動権）が保障された，
③ ☐ が施行された。

(3) GHQは経済の民主化を進めるため，1945年，三井・三菱などを解
散させる ④ ☐ を行い，1946年からは ⑤ ☐ を開始
し，自作農を増やし，封建的な関係を廃止した。

(4) 1946年11月3日に公布された ⑥ ☐ は，国民主権・基本
的人権の尊重・平和主義の3つの基本原理が掲げられている。

(5) 1947年，⑦ ☐ が制定され，教育勅語が廃止された。

2 冷戦

(1) 戦後まもなく，アメリカを中心とする西側陣営とソ連を中心とする
東側陣営は，政治と経済のしくみの違いから対立した。これを
① ☐ という。

(2) 1948年，朝鮮半島は南北に分裂し，北に朝鮮民主主義人民共和国（北
朝鮮），南に ② ☐ （韓国）が成立した。

(3) 中国では，国民党と共産党が再び内戦を始めたが，共産党が勝利し，
1949年，③ ☐ の成立を宣言した。

(4) 1950年，北朝鮮が韓国に侵攻し ④ ☐ が始まった。国連軍
が韓国へ派遣され，中国は北朝鮮を支援した。

(5) 朝鮮戦争がおこると，GHQは1950年に国内の警備組織として警察
予備隊を設置した。組織はその後，保安隊となり，1954年には
⑤ ☐ となった。

(6) 朝鮮戦争が始まると，軍需物資の需要が急増し，好景気となった。
これを ⑥ ☐ という。

🔍 くわしく
1(1) GHQの占領政策
非軍事化…軍隊の解散，戦争
犯罪人の処罰，天皇の人間宣言
など
民主化…治安維持法の廃止，
政党の復活，男女普通選挙，労
働組合の奨励など

🔍 くわしく
1(4) 日本国憲法は，公布の半
年後の1947年5月3日に施行
された。

✅ 復習メモ
1945年10月に発足した国際
連合の中心は安全保障理事会
で，アメリカ，イギリス，フラン
ス，中国（国民政府），ソ連が常
任理事国になった。

🔍 くわしく
2(5) 冷戦の激化によってGHQ
による占領政策は，民主主義育
成から，反共産主義（＝反中国・
ソ連）へと転換した。

3 国際社会への復帰

(1) 1951年，日本は連合国48か国と [①_____] 平和条約を結び，独立を回復した。

(2) 日本は平和条約と同時にアメリカと [②_____] を結び，アメリカ軍の日本駐留を認めることになった。

(3) 1956年，日本とソ連は [③_____] を発表し，国交を回復した。その後，日本は国際連合へ加盟し，国際社会へ復帰した。

(4) 1965年，[④_____] 戦争が激化し，アメリカは沖縄の米軍基地を拠点として使用した。それに対し沖縄住民は祖国復帰を強く訴え，1972年に沖縄は日本に返還された。

(5) 沖縄返還の際に日本は，「核兵器を持たず，つくらず，持ちこませず」という [⑤_____] の方針を公表した。

(6) 日本は，1965年に韓国との間に [⑥_____] を結び，1972年には中国との間に [⑦_____] を結んで，それぞれ国交を正常化した。

4 高度経済成長と冷戦の終結

(1) 1949年，[①_____] が日本人で初めてノーベル物理学賞を受賞した。

(2) 1955年から1973年にかけて，日本経済は [②_____] 成長をとげ，経済大国となった。

(3) 経済成長により，大気汚染や水質汚濁などの [③_____] がおき，1967年には公害対策基本法が制定された。

(4) 1989年，地中海の [④_____] で米ソ首脳会談が行われ，冷戦の終結が宣言された。

(5) 冷戦は終結したが，各地でおこる紛争に対し，国連は [⑤_____] 活動（PKO）を行っており，日本も1992年に国際平和協力法（PKO協力法）を成立させ，カンボジアなどに自衛隊を派遣した。

(6) 日本では，1980年代後半に [⑥_____] 景気とよばれる土地などへの投機による好景気となったが，1991年に崩壊した。

(7) 日本は，子どもが減り，高齢者が増える [⑦_____] 社会への対応や，2011年3月11日におきた [⑧_____] の被災地の復興や原子力発電からの新しいエネルギーへの転換など，さまざまな課題を抱えている。

🔍 くわしく

3 (3) 日ソ共同宣言には，北方四島のうち，歯舞群島と色丹島は日ソ間で平和条約が締結されたあとに引き渡される，と明記されている。ソ連はのちに解体され，ロシアが継承したが，いまだに返還されていない。

高度経済成長期には，三種の神器（テレビ・洗濯機・冷蔵庫）などの電化製品や自動車が普及したよ。

✓ 復習メモ

日本は発展途上国に対して，政府開発援助（ODA）や，非政府組織（NGO）によるボランティアなどで支援活動に取り組んでいる。

Try! －応用問題－

解答 ➡ 別冊p.10

1 右の資料を見て，次の問いに答えなさい。

(1) 資料中の下線部について，次の①〜③の問いに答えなさい。
　　① 正式名称を書きなさい。　　　　　　[　　　　　　　]
　　② 公布年月日，施行年月日を書きなさい。
　　　　　　　　　　　　公布[　　　　　　　]
　　　　　　　　　　　　施行[　　　　　　　]
　　③ 日本の象徴とされたものを書きなさい。
　　　　　　　　　　　　　　[　　　　　　　]

(2) 資料で解説している内容は，(1)の憲法の3つの基本原理
　　のうちの何ですか。　　　　[　　　　　　　]

(3) 資料が出されたころについて，次の①〜④の問いに答え
　　なさい。
　　① 東西両陣営に，このころからみられた対立を何といい
　　　ますか。　　　　　　　　[　　　　　　　]
　　② ①の体制の中，1949年に毛沢東を主席として成立した国の正式名称は何ですか。
　　　　　　　　　　　　　　　　　　　　　[　　　　　　　]
　　③ ①の影響によって1950年に東アジアでおきた戦争で，②の国が支援した国はどこですか。
　　　　　　　　　　　　　　　　　　　　　[　　　　　　　]
　　④ ③の戦争の影響で日本は好景気になりましたが，これを何といいますか。
　　　　　　　　　　　　　　　　　　　　　[　　　　　　　]

> あたらしい憲法のはなし
> 　そこでこんどの憲法では，日本の国が，けっして二度と戦争をしないように，二つのことをきめました。その一つは，兵隊も軍艦も飛行機も，およそ戦争をするためのものは，いっさいもたないということです。これからさき日本には，陸軍も海軍も空軍もないのです。これを戦力の放棄といいます。（一部）

2 次の文を読んで，あとの問いに答えなさい。

> 日本政府はa連合国軍最高司令官総司令部（GHQ）の指導のもと，b経済の民主化を行い，c三井・三菱などの大企業の力を弱めようとした。また，d教育を民主化する法律を制定したり，e農地改革をしたりした。

(1) 下線部aの最高司令官を書きなさい。　　　　　　[　　　　　　　]

(2) 下線部bに関連して，1947年に制定された法律を何といいますか。
　　　　　　　　　　　　　　　　　　　　[　　　　　　　]

(3) 下線部cのために，政府が実施した政策を何といいますか。[　　　　　　　]

(4) 下線部dに関連して，1947年に制定された法律を何といいますか。[　　　　　　　]

(5) 下線部eの改革の内容を，簡単に説明しなさい。

[

3 右の資料を見て，次の問いに答えなさい。

(1) 資料は，日本が主権を回復した1951年の条約の一部です。この条約が結ばれたアメリカの都市はどこですか。 〔　　　　　　〕

(2) 資料の条約と同じ日に結ばれた，日本へのアメリカ軍の駐留を認めた条約を何といいますか。
〔　　　　　　　　　　　〕

(3) 資料中の A 〜 D にあてはまる語句を，次のア〜カからそれぞれ選びなさい。
ア 千島　イ 朝鮮　ウ 台湾
エ 日本　オ 満州　カ 沖縄

A〔　　　〕　B〔　　　〕
C〔　　　〕　D〔　　　〕

(4) 日本は，資料の条約を何か国と結んだか，数字で書きなさい。 〔　　　　　　〕

第1条(b)　連合国は， A とその領海に対する日本国民の完全な主権を承認する。

第2条(a)　日本国は B の独立を承認し，すべての権利を放棄する。
(b)　日本国は， C と澎湖諸島に対するすべての権利を放棄する。
(c)　日本国は， D 列島と，ポーツマス条約で得た樺太の一部に対するすべての権利を放棄する。

4 現代の日本について，次の説明にあてはまる語句を，それぞれ書きなさい。

(1) 自民党を与党，社会党を野党第一党とする昭和30年以降の政治体制。
〔　　　　　　　　　　　〕

(2) 「人類の進歩と調和」をテーマとして1970年に大阪で開かれた国際イベント。
〔　　　　　　　　　　　〕

(3) 65歳以上の人口割合が高く，15歳未満の割合が低い社会。 〔　　　　　　〕

(4) 1980年代後半からの土地や株式への投機による不健全な好景気。 〔　　　　　　〕

5 右の資料を見て，次の問いに答えなさい。

(1) Aで示された，高い経済成長率が続いていたことを何といいますか。 〔　　　　　　〕

(2) 資料で示された期間中におきた日本のできごとを，次のア〜エから選びなさい。
ア 国際連合への加盟　イ 沖縄の返還
ウ ソ連との国交回復　エ 自衛隊の発足
〔　　　　　　〕

(3) 1974年の経済成長率の低下の原因の一つとして，資料から読み取れることは何ですか。簡単に説明しなさい。

〔

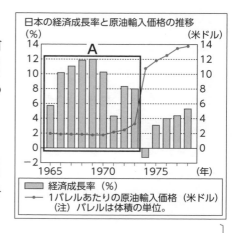

13 私たちが生きる現代社会と文化／人間の尊重と基本的人権

Check! －基本問題－

解答 ➡ 別冊p.11

☐に適する語句を書きなさい。

1 私たちが生きる現代社会と文化

(1) 日本では平均寿命の延びにともなって ①☐ が進んでいる。また，出生率の低下から ②☐ が進行し，人口が減少している。

(2) 夫婦のみ，または親とその未婚の子どもで構成される家族のことを ③☐ といい，現在，日本の家族形態の内訳で最も高い割合を占めている。

(3) 20世紀に入り，新聞や雑誌，テレビやラジオなど情報を大量に伝達する手段である ④☐ が急速に発達した。

(4) 近年，情報社会の進展によって，多くの人々が世界中のコンピューターを結ぶ ⑤☐ を利用して，高速で双方向的に情報をやりとりすることが可能となった。

(5) 交通や通信手段の発達によって，人や物が国境を越えて飛びかい，地球規模で経済や文化が一体化することを ⑥☐ という。

(6) 二国間の貿易において，一方の輸出が多すぎることで，相手国の産業が打撃を受けて倒産や失業が発生したりする問題を ⑦☐ という。

(7) 近年，医療の分野では，生物を構成する遺伝子などの機能を利用・応用する ⑧☐ （生命工学）とよばれる技術が発達し，新薬の開発や臓器移植への応用が可能となった。

(8) 日本では，2月の節分や7〜9月の盆などの ⑨☐ が現代も残り，その多くは宗教行事から生まれたものである。

(9) 日本にはさまざまな気候や風土があり，沖縄の ⑩☐ 文化や北海道の ⑪☐ 民族の文化など，地域ごとに異なる多様な文化が生まれた。

(10) 社会集団の中でおこった対立を解決するために話し合うことを ⑫☐ といい，その中で，当事者が機会や手続きについて対等な成果を得られるようにする考え方を ⑬☐ という。

Q くわしく

1 (1) 出生数が死亡数を下回ると人口は減少する。日本は2005年から人口の減少が始まった。

現代ではパソコンやスマートフォンを使って，世界中の人とつながることができるね。

✓ 復習メモ

二国間の貿易で，一方の輸出が多すぎると貿易黒字となり，相手国は貿易赤字となる。

2 法に基づく政治

(1) 1775年，北アメリカで13植民地がイギリス本国に対して独立戦争を起こし，翌年，植民地代表が集まり，ロックの抵抗権の影響を受けた ① _____ を発表した。

(2) 1919年，初めて社会権を保障した ② _____ 憲法がドイツで制定された。

(3) 憲法は，政府の権力を法に基づいて制限することで国民の人権を保障するという ③ _____ の思想によってつくられている。

(4) 日本国憲法は，④ _____ ・平和主義・基本的人権の尊重を基本原則としている。

(5) 日本国憲法第1条には，「天皇は，日本国の象徴であり日本国民統合の象徴であって，この地位は，主権の存する日本国民の総意に基く」と規定されている。この制度を ⑤ _____ という。

(6) 自衛隊は，自衛のための必要最小限度の戦力として設置されるが，⑥ _____ （PKO）としての海外派遣も行われる。

(7) 1951年に日米安全保障条約が締結され，アメリカ軍の日本駐留を継続して認めた。現在も ⑦ _____ 県に軍用地が集中している。

(8) 日本は，核兵器を「持たず，つくらず，持ちこませず」という ⑧ _____ を掲げている。

3 基本的人権と個人の尊重

(1) 人間として，だれもが同じ扱いを受けられる権利を ① _____ 権という。

(2) 教育を受ける権利や勤労の権利など，人間らしい生活の保障を求める権利を社会権といい，② _____ 権が基礎となっている。

(3) 日本国憲法には，裁判請求権，国家賠償請求権，刑事補償請求権といった ③ _____ 権が定められている。

(4) 私生活上の情報が意に反して公にされない権利をプライバシーの権利という。2003年，④ _____ 法など5法が制定された。

(5) 良好な生活環境を享受する権利を ⑤ _____ 権といい，1993年に環境基本法が制定され，基本理念や施策の枠組みが定められた。

(6) 貧困・飢餓・環境など，世界的な問題に対して，利益を目的とせずに民間の立場からこれらの問題に取り組む団体を ⑥ _____ （非政府組織）という。

✅ **復習メモ**
人権に関する思想家
・ロック…「統治二論」，抵抗権を主張
・モンテスキュー…「法の精神」，三権分立を主張
・ルソー…「社会契約論」，人民主権を主張

✅ **復習メモ**
天皇が行う国事行為には，国会の召集，衆議院の解散や国務大臣任免の認証，栄典の授与などがある。

🔍 **くわしく**
2 (7) 自衛隊…1954年に，保安隊にかわってつくられた。

🔍 **くわしく**
3 (1) 日本国憲法第14条には，「すべて国民は，法の下に平等であつて，人種，信条，性別，社会的身分又は門地により，政治的，経済的又は社会的関係において，差別されない」とある。

✅ **復習メモ**
新しい人権…社会状況の変化にともなって，新たに主張されるようになった基本的人権のこと。

Try! －応用問題－

解答 ➡ 別冊p.11

1 右の資料を見て，次の問いに答えなさい。

(1) ［ A ］，［ B ］に当てはまる語句を書きなさい。なお，［ A ］はアルファベットで書きなさい。

A［　　　　　　　］

B［　　　　　　　］

(2) 下線部 **a** が利用できる人とできない人との間に生じる格差を何といいますか。

［　　　　　　　］

(3) 下線部 **a**，**b** の発達によって人や物が国境を越えて飛びかい，地球規模で一体化が進むことを何といいますか。

［　　　　　　　］

(4) 生命倫理と強い関わりのあるものを，下線部 **a**〜**d** からすべて選びなさい。

［　　　　　　　］

> 科学技術の発達に関わることがら
> a 情報通信技術（［ A ］）
> 　……インターネット，パソコンなど
> b 交通手段
> 　……航空機・大型コンテナ船など
> c 生殖技術
> 　……人工授精や代理出産など
> d 終末医療……安楽死や尊厳死など
> バイオテクノロジー
> 　……［ B ］組み換え作物など

2 次の文を読んで，あとの問いに答えなさい。

> 　人間は他者との間でさまざまな問題を抱えながら，ともに生きていかなければならない社会的存在である。それらの問題を解決するためには，お互いの交渉によって意見をすり合わせ，［ A ］が必要である。
> 　対立を解決するための交渉の中で，［ B ］が「効率」の考え方である。また，当事者が機会や結果，手続きについて［ C ］が「公正」という考え方である。

(1) ［ A ］〜［ C ］に当てはまる文を，次の**ア**〜**エ**からそれぞれ選びなさい。

ア 妥協を盛り込んでいく過程　　**イ** 対等な成果を得られるようにすること

ウ むだを省くこと　　　　　　　**エ** 自分の利益を完全に実現すること

A［　　　］　B［　　　］　C［　　　］

(2) 下線部について，次の①・②の問いに答えなさい。

① 「公正」の例として正しいものを，次の**ア**〜**エ**からすべて選びなさい。

ア 子どもたちのことは，公平になるよう大人たちに決めてもらった。

イ Aには長男だからがまんしてもらい，弟や妹たちの希望をかなえた。

ウ 残り物は，じゃんけんに勝てばだれでも手に入れられるようにした。

エ 1つの缶ジュースを，10人全員に同じ量ずつ分けた。

［　　　　　　　］

② 国の政治に関係する「公正」の例を書きなさい。

［　　］

3 右の資料を見て，次の問いに答えなさい。

(1) 資料は，日本国憲法の条文の一部です。A〜Cに関係する日本国憲法の基本原則をそれぞれ書きなさい。

A［　　　　　　　　　　　　］

B［　　　　　　　　　　　　］

C［　　　　　　　　　　　　］

(2) Bの条文は，日本国憲法の第何条ですか。数字で書きなさい。　　　　　［　　　　　　　　　］

(3) 資料中の　X　〜　Z　にあてはまる語句を，次の**ア**〜**カ**からそれぞれ選びなさい。

　ア 権利　　**イ** 権力　　**ウ** 日本国民

　エ 武力　　**オ** 義務　　**カ** 国会議員

　X［　　　　　］Y［　　　　　］Z［　　　　　］

(4) 下線部**a**が国事行為を行うために必要なものとして内閣が行うことを，次の**ア**〜**エ**からすべて選びなさい。

　ア 助言　　**イ** 承認　　**ウ** 補佐　　**エ** 協賛

　　　　　　　　　　　　　　［　　　　　　　　　］

(5) 日本国憲法が保障する下線部**b**を，次の**ア**〜**エ**からすべて選びなさい。

　ア 平等権　　**イ** 抵抗権　　**ウ** 社会権　　**エ** 自由権

　　　　　　　　　　　　　　　　　　　　　　　　［　　　　　　　　　］

> **A** 　**a**天皇は，日本国の象徴であり日本国民統合の象徴であつて，この地位は，主権の存する　**X**　の総意に基く。
>
> **B** 　日本国民は，正義と秩序を基調とする国際平和を誠実に希求し，国権の発動たる戦争と，　**Y**　による威嚇又は　**Y**　の行使は，国際紛争を解決する手段としては，永久にこれを放棄する。
>
> **C** 　国民は，すべての**b**基本的人権の享有を妨げられない。この憲法が国民に保障する基本的人権は，侵すことのできない永久の　**Z**　として，現在及び将来の国民に与へられる。

4 右の資料を見て，次の問いに答えなさい。

(1) 資料中の　**A**　にあてはまる権利を書きなさい。

　　　　　　　　［　　　　　　　　　］

(2) 資料中の　**B**　にあてはまる，国民審査の対象となるのは，何という機関の何という公務員ですか。

　　　　　　　　［　　　　　　　　　］

(3) 下線部の議員の被選挙権は，満何歳以上の国民がもちますか。数字で書きなさい。

　　　　　　　　［　　　　　　　　　］

(4) 資料中の　**A**　はどのような権利ですか。「人権」の語句を使って，簡単に説明しなさい。

［
　　　
　　　
　　　
］

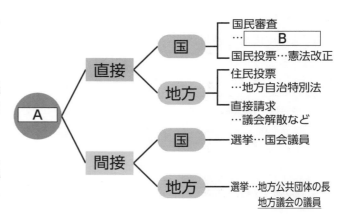

国民審査
…　**B**
国民投票…憲法改正
住民投票
…地方自治特別法
直接請求
…議会解散など
選挙…国会議員
選挙…地方公共団体の長
　地方議会の議員

14 暮らしと結びついた政治

Check! −基本問題−　　　　　　　　　　　　　解答 ➡ 別冊p.11

に適する語句や数を書きなさい。

1 現代の民主政治

(1) 民主主義の形態には，国民や住民の全員が直接話し合って政治を

行う ① ＿＿＿＿ 民主制と，自ら選んだ代表者が議会を通じて政治

を行う ② ＿＿＿＿ 民主制がある。

(2) 日本の選挙は ③ ＿＿＿＿ 法に基づいて行われる。

(3) 選挙の4原則

普通選挙	年齢制限以外の区別をしない選挙。
平等選挙	全員の投票が同じ価値になっている選挙。
直接選挙	国民が候補者を直接選出する選挙。
④ ＿＿＿ 選挙	投票内容がだれにも知られない選挙。

(4) 選挙権は満18歳以上。衆議院は小選挙区比例代表並立制，参議院

は ⑤ ＿＿＿＿ 制と選挙区選挙。

(5) 政権を担当する ⑥ ＿＿＿＿ と，それ以外の政党である野党に

よって，政治が行われる。

2 国の政治

(1) 国会は国権の最高機関であり，唯一の ① ＿＿＿＿ である。衆議

院と参議院の ② ＿＿＿＿ 制をとる。

(2) 国会の種類

常会 (通常国会)	毎年1月から150日間開かれる。
臨時会 (臨時国会)	内閣が決定したときか，いずれかの議院の総議員の ③ ＿＿＿＿ が求めたときに召集。
特別会 (特別国会)	衆議院の解散による総選挙後に召集。
参議院の緊急集会	衆議院解散中，内閣が緊急の必要があると判断したときに開かれる。

(3) 国会の仕事には，法律の制定，予算の議決，④ ＿＿＿＿ 改正の

発議，内閣総理大臣の指名，弾劾裁判所の設置などがある。

くわしく

1 (1) 日本では，国民投票や国民審査，住民投票，および地方自治における国民発案 (イニシアティブ)，国民解職(リコール)などで，直接民主制の原理が導入されている。

復習メモ

政党…政治に対し，同じ考えをもった人たちの集まり。

復習メモ

衆議院…任期が短く，解散もあるため，世論が反映されやすいとされる。多くの議決について衆議院の優越が認められている。

くわしく

1 (2) 参議院の緊急集会でとられた措置は，次の国会開会後10日以内に衆議院の同意がない場合，その効力は失われる。

(4) 内閣は内閣総理大臣と国務大臣で構成され，国会が決めた法律や予算に基づいて政治を行う機関で，⑤ [＿＿＿＿＿＿] 制をとる。

(5) 内閣の仕事には，法律や予算の執行，政令の制定，最高裁判所長官の指名，天皇の ⑥ [＿＿＿＿＿＿] に対する助言と承認などがある。

(6) 裁判所の独立，裁判官の独立，裁判官の身分保障によって，公正中立な裁判が保たれている。これを ⑦ [＿＿＿＿＿＿] 権の独立という。

(7) 裁判の種類には，私人のあいだの利害対立を解決する ⑧ [＿＿＿＿＿＿] 裁判と，罪を犯した疑いのある被告人を裁く刑事裁判がある。どちらの裁判も控訴と ⑨ [＿＿＿＿＿＿] を認める三審制をとる。

(8) 国家権力を，立法権（国会），行政権（内閣），司法権（裁判所）に分けて相互に ⑩ [＿＿＿＿＿＿] させ，権力の集中と濫用を防止する。国会による ⑪ [＿＿＿＿＿＿] 不信任決議，内閣による衆議院の解散，裁判所による違憲立法審査などで，⑩と均衡を実現する。

🔍 **くわしく**

2 (6) 裁判官の身分保障…心身の故障，国会の弾劾裁判以外ではやめさせられない。

✅ **復習メモ**

重大な刑事裁判の第一審に，国民が裁判官とともに裁判に参加する裁判員制度がある。

3 地方の政治

(1) 地方議会は ① [＿＿＿＿＿＿] の制定，予算の議決などを行う。首長に対し，不信任決議を行うことができる。

(2) 地方公共団体には ② [＿＿＿＿＿＿] （都道府県知事と市町村長）が置かれ，議会に対して，再議請求や解散を行うことができる。

(3) 地方自治の課題には，自主財源の確保や仕事を国から地方に移す ③ [＿＿＿＿＿＿] の推進などがある。

(4) 住民は，一定数以上の ④ [＿＿＿＿＿＿] を集めて請求することで，重要な事項に直接意思を反映させることができる。

民主政治のありかたを学ぶことができるので，地方自治は「民主主義の学校」とよばれているよ。

✅ **復習メモ**

行政を監視するオンブズマン（オンブズパーソン）制度がある地方公共団体もある。

直接請求の種類	必要署名数	請求先	請求後の取り扱い
条例の制定・改廃	有権者の1/50以上	⑤ [＿＿＿＿]	議会の招集⇒決議⇒結果の公表
議会の解散	有権者の1/3以上	選挙管理委員会	住民投票⇒過半数の賛成⇒議会の解散
首長・議員の解職	有権者の1/3以上	選挙管理委員会	住民投票⇒過半数の賛成⇒解職
主要公務員の解職	有権者の ⑥ [＿＿＿] 以上	首長	議会（2/3以上出席，3/4以上賛成）⇒解職
監査	有権者の1/50以上	監査委員	監査の実施⇒結果の公表

(5) 住民運動には，⑦ [＿＿＿＿＿＿] （非営利組織）による自然保護運動などがある。

解答 ➡ 別冊p.12

Try! −応用問題−

1 次の文を読んで，あとの問いに答えなさい。

> ┌───┐
> │　　　 **A** とは，国民が主権者として自分たちの意思で話し合って政治を行うという考え方で │
> │ ある。この **A** による政治を民主政治という。 │
> └───┘

(1) **A** にあてはまる語句を書きなさい。　　　　　　　　　　　　　　〔　　　　　　　　〕

(2) 下線部について，次の①・②の問いに答えなさい。

　① 直接民主制の内容として正しいものを，次の**ア〜エ**から選びなさい。

　　ア　国民や住民が，政治を行う者を直接選出するしくみ。

　　イ　国民や住民全員が，直接話し合いや決定に参加するしくみ。

　　ウ　ほかの民族には支配されず，自分たちのことは自分たちで決めるしくみ。

　　エ　政治を行う者が，関係者から直接話しを聞きとって判断するしくみ。　〔　　　　　　〕

　② 民主政治の原理として正しいものを，次の**ア〜ウ**から選びなさい。

　　ア　少数意見を尊重してはならず，決定時には多数意見を採用する。

　　イ　議会の議員は，それぞれの選挙区や支持者の代表で，全体の代表ではない。

　　ウ　国家の政治権力は1つに集中させず，相互の抑制と均衡をはかる。

　　　　　　　　　　　　　　　　　　　　　　　　　　　　　　　　　〔　　　　　　　　〕

2 右の資料を見て，次の問いに答えなさい。

(1) 資料中の **A** ， **B** にあてはまる文を，次の**ア〜オ**からそれぞれ選びなさい。

　ア　ただし解散がある

　イ　ただし満70歳まで

　ウ　2年ごとに半数を改選

　エ　3年ごとに半数を改選

　オ　2年ごとに3分の1を
　　　改選

	衆議院	参議院
任期	4年（ **A** ）	6年（ **B** ）
選挙区	289 選挙区（ **X** ） 11 選挙区（<u>比例代表</u>）	45 選挙区（ **Y** ） 1 選挙区（比例代表）

(2021 年 1 月現在)

　A〔　　　　〕　B〔　　　　〕

(2) 資料中の **X** ， **Y** にあてはまるものを，次の**ア〜オ**からそれぞれ選びなさい。

　ア　北陸，四国などのブロック制　　**イ**　小選挙区　　**ウ**　中選挙区

　エ　原則として都道府県単位　　**オ**　大選挙区

　　　　　　　　　　　　　　　　　　　　　　　　　X〔　　　　〕 Y〔　　　　〕

(3) 定数と各政党の得票数が次の通りで，ドント式による下線部の選挙の場合，**G**党に配分される議席数はいくつですか。数字で書きなさい。

　定数：4　　**E**党：80000票　　**F**党：65000票　　**G**党：49000票　　〔　　　　　　〕

(4) 一票の格差とはどのような問題か，簡単に説明しなさい。

〔　　　〕

3 右の資料を見て，次の問いに答えなさい。

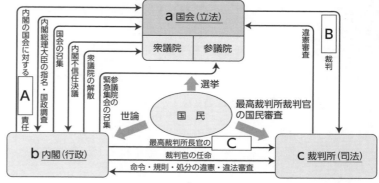

(1) 資料中の　A　～　C　にあてはまる語句を書きなさい。

A〔　　　　　　　〕

B〔　　　　　　　〕

C〔　　　　　　　〕

(2) 下線部**a**の説明として誤っているものを，次の**ア**～**エ**から選びなさい。

ア　全会議は公開する必要がある。　　**イ**　本会議の定足数は総議員の3分の1である。

ウ　可否同数の場合は議長が決める。　　**エ**　学識経験者の意見を聞くことがある。

〔　　　　　　　〕

(3) 内閣総理大臣に任命される国務大臣は，その過半数は何でなければならないとされていますか。

〔　　　　　　　〕

(4) 下線部**b**の仕事のうち，下線部**a**の議決や承認が必要なものを，次の**ア**～**エ**から選びなさい。

ア　裁判官の任命　　**イ**　条約の締結　　**ウ**　衆議院の解散　　**エ**　国会の召集

〔　　　　　　　〕

(5) 下線部**c**に関して，次の文中の下線部①～④が正しければ○を，誤っていれば×を書きなさい。

> 裁判の種類には，個人や企業などの争いを扱う①民事裁判と，②犯罪者である被告人の罪を扱う刑事裁判の2つがある。重大な刑事事件では裁判員制度により，一般の③弁護士が裁判官とともに審理する。どちらの裁判も，原則として④3回まで受けられる。

①〔　　　〕　②〔　　　〕　③〔　　　〕　④〔　　　〕

4 右の資料を見て，次の問いに答えなさい。

(1) 資料中の　A　，　B　にあてはまる語句を書きなさい。

A〔　　　　　　　〕

B〔　　　　　　　〕

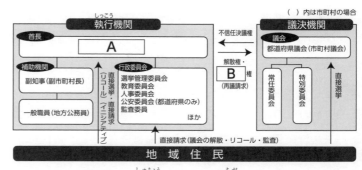

(2) 国が地方公共団体に対して，財政格差を是正するために使途を決めずに支給する交付金を何といいますか。　〔　　　　　　　〕

(3) 国で採用されている議院内閣制と地方公共団体における首長の選び方の違いを，「住民」「直接」の語句を使って，簡単に説明しなさい。

〔　　　　　　　　　　　　　　　　　　　　　　　　　　　　　　　　　　〕

15 私たちの暮らしと経済

Check! －基本問題－

解答 ➡ 別冊p.12

□に適する語句を書きなさい。

1 消費生活と経済のしくみ

(1) 家計は，勤労所得，事業所得，財産所得などの収入をもとに，消費や貯蓄などの ①_____ を行う。

(2) 消費者の権利は，消費者契約法，製造物責任法（②_____ 法），消費者基本法などにより保護される。

(3) 商品は，生産者から ③_____ 業者にわたり，小売業者を経て消費者に届く。

(4) 物価とは，個々の商品・サービスの平均価格のことである。物価が継続的に上昇する現象を ④_____ ，継続的に下落する現象をデフレーションという。

2 生産と企業

(1) 企業などが，資本を元手に，利潤を目的として生産活動を行う経済は，①_____ 経済とよばれる。

(2) 企業には，利潤の追求を目的とする民間の私企業と，公共の利益のために国や公共団体が経営する ②_____ がある。

(3) ③_____ は，株主全員で構成される株式会社の最高議決機関である。議決権は1株につき1票とされ，事業報告や取締役の選任などが行われる。

(4) 独占の形態のうち，同一業種の複数の企業が，価格や生産量などについて協定を結ぶことを ④_____ （企業連合）という。

3 働く人をめぐる問題

(1) 労働者の権利は，憲法で労働基本権（労働三権）が保障され，労働三法で確保している。労働者たちは ①_____ をつくり，労働条件の改善を求めることができる。

(2) 日本的雇用慣行として，年功序列賃金，②_____ ，企業別労働組合の3つが挙げられる。

(3) 雇用における男女平等を目的とした ③_____ 法が1985年に成立した。

くわしく

1 (1) 勤労所得…企業や政府などで働くことで得る給料や賃金。

事業所得…個人が事業を経営することで得る所得。

財産所得…土地や建物からの地代や賃料，株などから得る利子や配当。

復習メモ

✓ インフレーションは好景気（好況）のときにおこりやすく，デフレーションは不景気（不況）のときにおこりやすい。

くわしく

2 (1) 資本…利潤を生み出す元手となる資金。

くわしく

2 (2) 私企業は，資本金や従業員数によって，大企業と中小企業に分けられる。

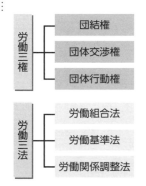

4 市場経済のしくみ

(1) 需要・供給の法則において，価格が上昇した場合，需要は

①[＿＿＿＿]し，供給は②[＿＿＿＿]する。

(2) 需要・供給曲線の図で，両曲線が交わった点で需給関係がつり合った価格を③[＿＿＿＿]という。

(3) 価格のうち，生産企業1社が最大の利潤をめざして設定する価格を④[＿＿＿＿]，公共性の高い財やサービスについて国や地方公共団体が決定する価格を⑤[＿＿＿＿]という。

🔍 **くわしく**

4 (2) 18世紀のイギリスの経済学者アダム＝スミスは，「神の見えざる手」によって需給関係は自然に調和するので，国家は経済に干渉すべきではないとする自由主義経済学を説いた。

5 金融と財政

(1) 家計や企業の間で資金を貸し借り（融通）することを①[＿＿＿＿]という。

(2) 日本銀行は経済の安定化をはかるため，銀行が持つ国債を売買する②[＿＿＿＿]操作などにより，通貨の量や流れを調節する。

(3) 円高は円の価値が上がること，③[＿＿＿＿]は円の価値が下がることである。

(4) 国や地方公共団体の経済活動を財政といい，1会計年度における収入を歳入，支出を④[＿＿＿＿]という。

(5) 財政収入には租税（税金）と公債金があり，租税は国税と⑤[＿＿＿＿]税に分けられる。

(6) 政府の役割には，社会資本の整備や公共サービスの提供，増税や減税を行って景気の波を調整する⑥[＿＿＿＿]政策などがある。

✅ **復習メモ**

金融機関…銀行，信用金庫，保険会社，証券会社など。

🔍 **くわしく**

5 (3) 1ドルを，以前は100円で交換できていたのが120円必要になるということは，ドルに対してそれだけ円の価値が下がったということである。

6 国民の福祉

(1) 日本の社会保障制度は，社会保険，公的扶助，①[＿＿＿＿]，公衆衛生の4つを大きな柱としている。

(2) 社会保険のうち，働けるときに保険料を支払い，老後や死亡時などに給付金を受ける保険制度を②[＿＿＿＿]という。

(3) 障がい者や高齢者が社会生活を営むうえでの障壁がない社会を，③[＿＿＿＿]社会という。

(4) 企業が利益を優先したり国が産業を優先したりした結果，公害や公害病が発生した。その対策として，1967年に公害対策基本法，1993年に④[＿＿＿＿]が制定された。

社会保険にはほかに，医療保険，雇用保険，労災保険，介護保険があるよ。

1 右の資料を見て，次の問いに答えなさい。

(1) 下線部**a**〜**c**にあてはまるもの
を，次の**ア**〜**オ**からそれぞれす
べて選びなさい。

ア 個人　**イ** 地方公共団体
ウ 家族　**エ** 株式会社
オ 国

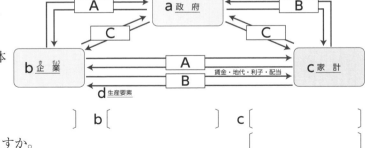

a [　　　　　] b [　　　　　] c [　　　　　]

(2) 下線部**a**の支出入を何といいますか。　　　　　[　　　　　]

(3) 資料中の ▢ A ▢ 〜 ▢ C ▢ にあてはまるものを，次の**ア**〜**エ**からそれぞれ選びなさい。

ア 労働条件の設定と，市場経済におけるルールの整備。
イ 労働力の提供と，それに対する賃金の支払い。
ウ 財・サービスの提供と，それに対する代金の支払い。
エ 納税と，公共サービスの提供。　　A [　　] B [　　] C [　　]

(4) 下線部**d**にあてはまるものを，次の**ア**〜**エ**からすべて選びなさい。

ア 土地　**イ** 設備　**ウ** 労働力　**エ** 市場　　　　[　　　　　]

2 次の文を読んで，あとの問いに答えなさい。

> _a自由競争の市場では，商品の価格は需要量と供給量との関係で変わる。好景気となる
> か不景気となるかも，同じく社会全体の需要量と供給量との関係で決まる。_b日本銀行は
> _c金融政策を行うことで景気を安定させるという役割をもっている。

(1) 下線部**a**の説明として適当なものを，次の**ア**〜**エ**からすべて選びなさい。

ア 需要量が供給量よりも多いと，価格は高くなる。
イ 価格が高くなると，供給量が増える。　**ウ** 供給量が増えると，需要量も増える。
エ 需要量が減ると，価格は低くなる。　　　　　　[　　　　　]

(2) 次の**ア**〜**エ**のうち，性格の異なる価格を選びなさい。

ア 公営水道料金　**イ** 固定電話の通話料金
ウ 鉄道運賃　　　**エ** 音楽聞き放題サービスの月額料金　　[　　　　]

(3) 下線部**b**にはあるものを独占的に発行する役割があるため発券銀行とよばれますが，このある
ものとは何ですか。　　　　　　　　　　　　　　　[　　　　　]

(4) 下線部**c**のおもな方法に公開市場操作があります。このうち，不景気のときに下線部**b**が銀行
と行う取り引きの内容を，簡単に説明しなさい。

[

3 次の資料を見て，あとの問いに答えなさい。

	A 税	B 税	
		道府県税	市町村税
C 税	所得税・法人税・ 相続税・贈与税　①	道府県民税・事業税・ 自動車税　②	市町村民税・事業所税 ③
D 税	消費税・酒税・たばこ税・ 揮発油税・関税　④	地方消費税・ 道府県たばこ税　⑤	入湯税・市町村たばこ税 ⑥

(1) 資料中の　A　～　D　にあてはまる語句を，それぞれ書きなさい。

A〔　　　　　　　〕　B〔　　　　　　　〕

C〔　　　　　　　〕　D〔　　　　　　　〕

(2) 2019年度一般会計における，収入金額1位～3位までの　A　税を，資料から選びなさい。

〔　　　　　　　〕〔　　　　　　　〕〔　　　　　　　〕

(3) 固定資産税は，資料のどこにあてはまりますか。資料中の①～⑥から選びなさい。

〔　　　　　　　〕

(4) 好景気のときに行われる財政政策として，増税以外にどのようなものがありますか。次の**ア～エ**から選びなさい。

ア　売りオペレーション　　**イ**　公共投資の削減　　**ウ**　国債の売却　　**エ**　国債の購入

〔　　　　　　　〕

4 次の文を読んで，あとの問いに答えなさい。

> 国には人々の_a健康を守る責務があり，_b社会保障制度が整備されてきた。その一方で，高齢化の影響で，_c社会保障関係費の増加が大きな課題となっている。

(1) 大気汚染，水質汚濁，土壌汚染，騒音などによって下線部**a**や生活に被害が生じることを何といいますか。〔　　　　　　　〕

(2) 国務大臣が長となっている，(1)を防止することが仕事の国の機関は何ですか。

〔　　　　　　　〕

(3) 日本の下線部**b**について正しいものを，次の**ア～エ**からすべて選びなさい。

ア　すべて税金によってまかなわれている。

イ　国は労働条件の最低限度の基準を定めている。

ウ　国は憲法上，公衆衛生の向上に努めなければならないとされている。

エ　健康で文化的な最低限度の生活を保障する公的扶助がある。　〔　　　　　　　〕

(4) 2019年度一般会計における，国の下線部**c**の支出総額に占める割合として正しいものを，次の**ア～エ**から選びなさい。

ア　約10分の1　　**イ**　約5分の1　　**ウ**　約3分の1　　**エ**　約3分の2　　〔　　　　　　　〕

(5) 高齢化の影響で，なぜ社会保障関係費が増加するのか，その理由を簡単に説明しなさい。

〔　　　　　　　　　　　　　　　　　　　　　　　　　　　　　　〕

16 地域社会と私たち

Check! −基本問題−

解答 ➡ 別冊p.13

▢ に適する語句を書きなさい。

1 国際社会の成り立ち

(1) 国際社会は, 190あまりの ① ▢ によって構成される。

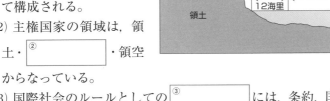

(2) 主権国家の領域は, 領土・② ▢ ・領空からなっている。

(3) 国際社会のルールとしての ③ ▢ には, 条約, 国際慣習法などがある。

(4) 国際連合は1945年, 51の加盟国により発足した。アメリカの ④ ▢ に本部が置かれ, 現在(2021年), 193か国が加盟。

(5) 国際連合の ⑤ ▢ は全加盟国で構成され, 1国1票の投票権をもつ。

(6) 国際連合の ⑥ ▢ は, 世界の平和と安全の維持のために置かれている。アメリカ, ロシア, イギリス, フランス, ⑦ ▢ の5か国が常任理事国である。

(7) 冷戦期, 西側陣営の北大西洋条約機構(NATO)と, 東側陣営の ⑧ ▢ 条約機構が激しく対立した。

(8) 1989年の ⑨ ▢ 会談で冷戦の終結が宣言された後, 1991年にソ連が崩壊し, ⑩ ▢ (独立国家共同体)が誕生した。

(9) 1996年, 国連総会で, すべての核実験を禁止することを定めた ⑪ ▢ 禁止条約(CTBT)が採択されたが, アメリカや中国などが批准しておらず, 現在(2021年)も条約は発効していない。

(10) 世界の地域経済統合

⑫ ▢	ヨーロッパ連合
ASEAN	⑬ ▢
TPP	環太平洋経済連携協定

主権国家とは, 他国の支配や干渉を受けない独立した国家のことだよ。

✅ 復習メモ
安全保障理事会では, 重要な議題に関しては, 常任理事国のうち1国でも反対すると決定できない。この権利を拒否権という。

🔍 くわしく
1 (10) 北アメリカの地域経済統合であるNAFTA(北米自由貿易協定)は, 2020年に結ばれた新たな協定によりUSMCA(新NAFTA)となった。

2 地球規模の問題

(1) 石炭や石油, 天然ガスなどの ①[＿＿＿＿] は, 再生不可能な資源であり, 大量消費によって将来の資源の枯渇が心配されている。

(2) ②[＿＿＿＿] 発電は, 環境に有害な排出ガスが発生せず, 少量のウランで多大なエネルギーを得ることができるが, 安全性や放射性廃棄物の処理など, 多くの課題をかかえている。

(3) 新エネルギーのうち, 間伐材やもみ殻などの農林水産業で出たごみを利用して電力を得る発電を, ③[＿＿＿＿] 発電という。

(4) 先進国と発展途上国との間に生じる南北問題に対して, 比較的工業化が進んだ発展途上国と, 特に経済発展が遅れた後発発展途上国との間で生じる問題を ④[＿＿＿＿] という。

(5) 1964年, 発展途上国の経済開発の促進と, 南北問題の経済格差を解消するための国連の機関として, ⑤[＿＿＿＿] (国連貿易開発会議)が設立され, 「援助より貿易を」をスローガンに掲げている。

(6) 発展途上国に対して, 政府が行う経済や福祉などに関する援助を, ⑥[＿＿＿＿] (政府開発援助)という。

(7) 2000年代前後から急速な経済成長をはたした, ブラジル・ロシア・インド・中国・南アフリカ共和国の5か国を ⑦[＿＿＿＿] とよぶ。

(8) 石油や石炭などの大量消費によって温室効果ガスが増大し, 地球の平均気温が上昇する ⑧[＿＿＿＿] が進んでいる。

(9) ⑨[＿＿＿＿] は, 自動車の排気ガスや工場からの排出ガスなどに含まれる窒素酸化物や硫黄酸化物の影響で, 強い酸性の雨が降り, 森林や農作物を枯らしたり, 建造物を傷めたりする環境問題である。

(10) 1972年, スウェーデンのストックホルムで, 国連初の環境に関する国際会議として ⑩[＿＿＿＿] が開催され, 人間環境宣言が採択された。

(11) 1992年にブラジルのリオデジャネイロで開催された国連環境開発会議(地球サミット)では, 「⑪[＿＿＿＿] な開発」が提起された。

(12) 日本は, 1975年にフランスで開催された, 第1回の ⑫[＿＿＿＿] (サミット)からの参加国である。

(13) 発展途上国に対して資金協力や技術協力を行っている国際協力機構(JICA)は, 世界各地に ⑬[＿＿＿＿] を派遣し, 教育や農業, 看護などの職種で多くの隊員が活動している。

✓ 復習メモ
新エネルギーにはバイオマス発電のほかに, 太陽光発電, 地熱発電, 風力発電, 潮力発電などがある。

🔍 くわしく
2 (6) ODAには, 二国間援助と, 国際機関などを通じて行う多国間援助がある。

✓ 復習メモ
スプレー缶や冷蔵庫などに利用されていたフロンガスによる, 地球の表面をおおうオゾン層の破壊も, 地球規模の環境問題の1つである。

🔍 くわしく
2 (13) 現在はシニア海外協力隊も活動している。

Try! −応用問題−

解答 ➡ 別冊 p.13

1 次の文を読んで，あとの問いに答えなさい。

> 　国際機関にはさまざまなものがあり，特定の地域での結びつきの代表的な例として a EU や b ASEAN（アセアン）がある。
> 　世界的なものとしては，現在（2021年）193の c 国家が加盟している d 国連が代表的で，これには総会を初めとして，いくつかの主要機関がある。そのうちの一つである，e 世界の平和と安全の維持（いじ）におもな責任をもっている［　　　］では，重要な議題について f 大国一致の原則を採用している。

(1) 下線部 a，b の説明としてあてはまるものを，次のア〜エからそれぞれ選びなさい。

　ア　55か国・地域のアフリカ諸国が加盟している。

　イ　1967年に設立され，シンガポールなどが加盟している。

　ウ　太平洋周辺諸国（しょこく）を中心として，貿易の自由化をめざしている。

　エ　共通通貨を導入している。　　　　　　　　　　　　　a〔　　　〕　b〔　　　〕

(2) 下線部 c を成立させるために必要な三要素のうち，領域以外のものを2つ書きなさい。

　　　　　　　　　　　　　　　　　　　　　〔　　　　　　　　〕〔　　　　　　　　〕

(3) 下線部 d について，次の①・②の問いに答えなさい。

　① 正式名称を漢字で書きなさい。　　　　　　　　　　〔　　　　　　　　〕

　② 次のア・イをおもに行っている下線部 d の機関を書きなさい。

　　ア　難民や国内避難民を保護する。　　　　　　　　〔　　　　　　　　〕

　　イ　子どもたちの生命と健やかな成長を守る。　　　〔　　　　　　　　〕

(4) 下線部 e のために結ばれた核拡散防止条約（かくかくさん）（NPT）の説明として正しいものを，次のア〜オから選びなさい。

　ア　米・英・ロ・仏・中の5か国以外の国は核兵器をもってはならないことになっている。

　イ　史上初めて，アメリカ・ソ連が調印した核兵器を削減（さくげん）する条約。

　ウ　アメリカ・中国・イラン・インド・パキスタン・北朝鮮（きたちょうせん）は批准（ひじゅん）していない。

　エ　すべての核爆発（ばくはつ）実験を禁止する条約。

　オ　ロシアをはじめとした4か国を当事国として1994年に発効した。　　　〔　　　　〕

(5) 文中の［　　　］について，次の①・②の問いに答えなさい。

　① あてはまる機関の名称を書きなさい。　　　　　　　　〔　　　　　　　〕

　② 常任理事国（じょうにんりじこく）5か国の共通点としてあてはまらないものを，次のア〜オからすべて選びなさい。

　　ア　核兵器の保有国である。　　　**イ**　日本との領土問題が存在している。

　　ウ　北半球に位置している。　　　**エ**　人口が1億人以上の国である。

　　オ　第二次世界大戦の戦勝国である。　　　　　　　　〔　　　　　　　〕

(6) 下線部 f の内容を，「拒否（きょひ）」「議決」の語句を使って，簡単に説明しなさい。

〔

2 地球規模の問題をまとめた右の資料を見て，次の問いに答えなさい。

(1) 下線部**a**について，繰り返し利用でき枯渇することがない資源を，次の**ア〜オ**からすべて選びなさい。

> 資源・エネルギー問題——a 資源の枯渇など
> 貧困問題——b 食料問題など
> c 国家間の格差——南北問題
> d 地球環境問題——e 地球温暖化など

　　ア 石炭　　**イ** ウラン　　**ウ** 太陽光
　　エ 風力　　**オ** 天然ガス
　　　　　　　　　〔　　　　　　　　〕

(2) 下線部**b**に関して正しく説明しているものを，次の**ア〜エ**から選びなさい。

　　ア 栄養不足人口の割合が高い国は，アジア州に最も集中している。
　　イ 栄養不足人口の割合が高い国は，オセアニア州に最も集中している。
　　ウ 世界全体の食料生産量は，世界人口の約2分の1が養える量。
　　エ 世界全体の食料生産量は，世界人口の約2倍を養える量。　　〔　　　　　　〕

(3) 下線部**c**の問題に関して，政府が発展途上国に対して行う無償資金援助や技術協力，政府貸付を何といいますか。　　　　　　　　　　　　　　　　　　　　〔　　　　　　〕

(4) 下線部**d**について，次の①・②の原因となるおもな物質を，あとの**ア〜エ**からそれぞれ選びなさい。

　　① オゾン層破壊　　② 酸性雨
　　ア 窒素　　**イ** フロンガス　　**ウ** 硫黄酸化物　　**エ** 二酸化炭素
　　　　　　　　　　　　　　　　　　　　①〔　　　　〕 ②〔　　　　〕

(5) 下線部**e**に関する国際的な取り決めを，次の**ア〜エ**から選びなさい。

　　ア モントリオール議定書　　**イ** 水俣条約
　　ウ 気候変動枠組条約　　　　**エ** ワシントン条約　　　　〔　　　　　　〕

3 右の資料を見て，次の問いに答えなさい。

(1) 資料は2015年の国連サミットで193か国のすべてが賛成して採択されたものの一部です。これを何といいますか。　　　　　　　〔　　　　　　　　〕

(2) 資料はどのようなことをスローガンにして採択されましたか。次の**ア〜エ**から選びなさい。

　　ア 人間の安全保障
　　イ 援助より貿易を
　　ウ だれ一人として取り残さない
　　エ かけがえのない地球　　〔　　　　　　〕

(3) 戦争をなくすことは，資料中の何番にあてはまりますか。数字を書きなさい。　〔　　　　　　〕

(4) 資料のいずれかの項目に関して，個人として取り組めることを，資料中の語句を使って，簡単に書きなさい。

〔

〕

1	貧困をなくそう
2	飢餓をゼロに
3	すべての人に健康と福祉を
4	質の高い教育をみんなに
5	ジェンダー平等を実現しよう
6	安全な水とトイレを世界中に
10	人や国の不平等をなくそう
11	住み続けられるまちづくりを
13	気候変動に具体的な対策を
14	海の豊かさを守ろう
15	陸の豊かさも守ろう
16	平和と公正をすべての人に

1 地理

ステップアップ学習

◎地理分野では，おもにアジアやアメリカ，ヨーロッパに関する「**世界の諸地域**」，日本の各地方，都道府県に関する「**日本の諸地域**」からの出題が多い。

◎世界・日本の地理ともに，**農業・工業を中心とした産業**や，諸外国との貿易が取り上げられることが多い。各地域の産業の特徴を理解しておくとともに，貿易に関しては，**おもな国の輸出品や輸入品**などを整理しておこう。

◎**地図を使った問題**は，ほぼ確実に出題されると言ってよい。世界のおもな国の位置，特に緯度や経度をもとに複数の国の位置関係を問うケースも多いので，普段から**地図帳をながめる習慣**を身につけておこう。

◎世界の2都市の時差を求める問題や，実際の距離をもとに地形図上の長さを求める問題など，地理分野では**計算が必要な問題**もよく出題されるので，類似の問題を数多く解くことで計算のコツをつかんでおこう。

Challenge! －実戦問題－

解答 ➡ 別冊p.14

1 次の図，地図を見て，あとの問いに答えなさい。　　　　　　　　　〔富山県-改〕

図　陸が多く見える向きから見た地球

地図　緯線と経線が直角に交わる地図

(1) 図中のPは三大洋の1つである。Pの海洋名を書きなさい。また，Pと同じ海洋を地図中のX～Zから1つ選び，記号を書きなさい。　　　海洋名〔　　　　　　　〕　記号〔　　　　　〕

(2) 地図上では同じ長さで表されているa～cのうち，実際の長さが最も短いものをa～cから1つ選び，記号を書きなさい。　　　　　　　　　　　　　　　　　　　　〔　　　　　〕

(3) 人口が2億人を超え，アフリカ最大の原油の輸出国でもあるdの国名を書きなさい。
〔　　　　　　　　　〕

(4) 西経45度を標準時子午線とするブラジリアが7月6日午後8時のとき，東京は何月何日の何時か，午前・午後の区別も入れて書きなさい。なお，サマータイムは実施されていないものとする。
〔　　　　　　　　　〕

2 右の地図を見て，あとの問いに答えなさい。

〔兵庫県-改〕

(1) AとBの国でおもに信仰されている宗教を，それぞれ書きなさい。

A〔　　　　　　〕　B〔　　　　　　〕

(2) Aの国で見られる伝統的な家屋の説明として正しいものを，次の**ア～エ**から1つ選んで，その符号を書きなさい。

ア 遊牧を行っているため，解体や組み立てがしやすいように建てられている。

イ 湿気がこもらないように，大きな窓や入口を設け，石で組んで建てられている。

ウ 風通しを良くするため，床を地面から離して木材で建てられている。

エ 森林が少なく木材を得にくいため，日干しレンガを積み上げて建てられている。〔　　　〕

(3) Bの国の産業について述べた次の文**X，Y**について，その正誤の組み合わせとして適切なものを，あとの**ア～エ**から1つ選んで，その符号を書きなさい。

X 理数教育の水準の高さなどを背景とし，バンガロールを中心にIT産業が発展している。

Y 自動車産業の分野では，日本をはじめとする外国の企業が進出している。

ア X－正　Y－正　　**イ** X－正　Y－誤

ウ X－誤　Y－正　　**エ** X－誤　Y－誤　　　　　　　　〔　　　〕

3 右の地図を見て，次の問いに答えなさい。

〔新潟県-改〕

(1) 次の**A～C**の文は，地図中の**ア～オ**のいずれかについて述べたものである。これらの文を読み，下の①～③の問いに答えなさい。

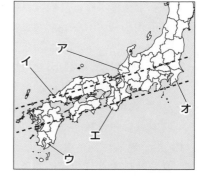

A a火山灰などが積もった地層でできた台地が広がり，さつまいもの栽培がさかんである。

B 若狭湾沿岸では漁業が行われ，b鯖江市では地場産業が発達し，地域の経済を支えている。

C 紀伊半島では，温暖な気候を利用したみかんの栽培がさかんである。

① **A～C**の文に当てはまる県を，地図中の**ア～オ**からそれぞれ1つずつ選び，その県名を書きなさい。　A 記号〔　　〕県名〔　　　　〕

B 記号〔　　〕県名〔　　　　〕C 記号〔　　〕県名〔　　　　〕

② 下線部aについて，この台地を何というか。その用語を書きなさい。〔　　　　〕

③ 下線部bについて，この地域で発達した地場産業として，最も適当なものを，次の**ア～エ**から1つ選び，その符号を書きなさい。

ア 加賀友禅　**イ** 将棋の駒　**ウ** 南部鉄器　**エ** 眼鏡のフレーム　〔　　　〕

(2) 地図中の点線┊┊┊┊┊で示した，関東地方から九州地方にかけて帯状にのびる臨海型の工業地域をまとめて何というか。その用語を書きなさい。〔　　　　〕

69

2 歴史

ステップアップ学習

◎歴史分野では，人類の誕生から現代までの各時代のできごとや舞台となった場所，人物，政治・法令，文学や絵画などの文化・作品，世界文化遺産などの建物・遺跡などについてよく出題される。また，貿易など**日本と海外との関わり**についてもよく出題される。

◎**時代や年代順を判断させる問題**が多くみられる。**年表を活用する**などして，時代やできごとの流れ・移り変わりを確認しておこう。

◎あることがらの影響や背景などについて，選択肢の正誤判断や文章記述問題としてよく出題される。**各時代のできごとなどをノートにまとめておくとよいだろう。**

◎歴史関係の語句には国語の授業で習わないような難しい漢字のものも少なくないが，漢字指定の問題が多く出題される。人名や歴史的なことがらの名称を**漢字で書く練習をしておこう。**

Challenge! －実戦問題－

解答 ➡ 別冊 p.15

1 次のA～Fは歴史的に外国と関係のあった地域です。A～Fの地域にあてはまらないものを，略地図の（ **あ** ）から（ **く** ）までの中から2つ選びなさい。　〔滋賀県 - 改〕

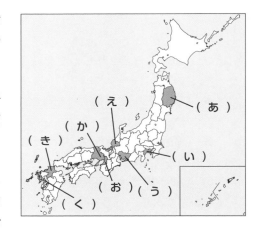

A この地域にある都市は，唐などが攻めてくるのに備えて守りを固めるために設けられた。そのため，この都市の周辺には，百済からの渡来人たちの力をかりて，いくつもの防御施設が造られた。

B この地域にある都市は，日宋貿易を進めるため平清盛によって整備された港を有している。のちの日明貿易においても海上交通の要所の1つとされ，現在でも日本有数の貿易港である。

C この地域にある都市は，ポルトガル人により伝えられた鉄砲を大量生産することで繁栄した。また，自由な商工業の発展を図る織田信長によりこの地は自治を奪われることとなった。

D この地域にある都市は，江戸時代の御三家の1つの城下町として栄えた。のちに繊維産業関連の技術を生かしたものづくりがさかんとなり，戦後，日本有数の貿易港となった。

E この地域にある都市は，出島にオランダの商館が置かれるなど，江戸幕府にとって外国との貿易の窓口であった。のちに，ロシアの使節レザノフがこの地に来航した。

F この地域にある都市は，1858年に結ばれた条約により開かれた港の1つを有している。のちに日本の貿易の中心地となり，この都市と新橋間に日本で初めての鉄道が開通した。

2 右の年表を見て，次の問いに答えなさい。

〔(1)沖縄県‐改　(2)(3)新潟県〕

(1) 下線部 a について，この伝染病は，大宰府に左遷されて亡くなった人物のたたりだといわれました。その人物は遣唐使派遣の停止を提案したことでも知られています。その人物名を漢字4字で答えなさい。

〔　　　　　　　　　〕

時代	できごと
平安時代	平安京に a 雷が落ち，伝染病が広がる。
鎌倉時代	北条時宗が執権のときに，b 元軍が襲来した。
c 室町時代	足利義満は，倭寇を取りしまり，明との貿易を始めた。

(2) 次の表は，下線部分 b の【できごと】の【背景・原因】，【結果・影響】をまとめたものです。この表中の　X ，　Y に当てはまる文を下のア～オからそれぞれ1つずつ選び，その符号を書きなさい。

【背景・原因】	【できごと】	【結果・影響】
X	→ 日本に元軍が襲来した。 →	Y

ア　フビライ＝ハンは，日本を従えようと使者を派遣した。
イ　アメリカは，ペリーを派遣し，幕府に大統領の国書を渡した。
ウ　幕府と藩が，全国の土地と民衆を支配する幕藩体制が確立した。
エ　御家人たちは，十分な恩賞を与えられず，幕府に対する不満を高めた。
オ　3代将軍源実朝が暗殺されて源氏の将軍がとだえた。

X〔　　　　〕Y〔　　　　〕

(3) 次の文は，下線部分 c の頃の文化について述べたものです。文中の　X ，　Y に当てはまる語句の組み合わせとして，最も適当なものを，下のア～エから1つ選び，その符号を書きなさい。

> 足利義満の保護を受けた観阿弥と世阿弥によって，　X が完成した。また，自然を描いた　Y がさかんになり，雪舟は数々の名作を残した。

ア　X－能　Y－水墨画　　　イ　X－能　Y－浮世絵
ウ　X－歌舞伎　Y－水墨画　　エ　X－歌舞伎　Y－浮世絵

〔　　　　〕

3 次の@～dはそれぞれ，「ええじゃないか」というさわぎが発生したころの，日本国内で起きたできごとを示したものです。@～dを，内容の古いものから順に並べると，どのようになるか，下のア～エから最も適当なものを1つ選び，その記号を書きなさい。

〔三重県‐改〕

ⓐ　徳川慶喜は，政権を朝廷に返上することを申し出た。
ⓑ　新政府は，五箇条の御誓文を出した。
ⓒ　新政府は，諸大名に土地と人民を政府に返させた。
ⓓ　坂本龍馬は，薩摩藩と長州藩の間を仲介し，薩長同盟を結ばせた。

ア　ⓐ→ⓓ→ⓒ→ⓑ　　　イ　ⓓ→ⓐ→ⓑ→ⓒ
ウ　ⓐ→ⓓ→ⓑ→ⓒ　　　エ　ⓓ→ⓐ→ⓒ→ⓑ

〔　　　　〕

3 公民

ステップアップ学習

◎公民分野では，**憲法や人権，政治・経済のしくみ**，国際連合などの国際関係，社会保障や人口といった**現代社会の課題**などについてよく出題される。

◎人権や国の政治には**日本国憲法が深く関わっている**ため，相互に関連づけながら学習するとよいだろう。

◎**価格と需要・供給や為替相場**などの経済のしくみは，暗記するよりもなぜそうなるのかといった理屈を考えながら，しくみを理解していくようにするとよいだろう。

◎ドント式比例代表制選挙による議席数や，地方自治での直接請求に必要な署名数などの**計算問題もみられる**が，計算自体は簡単なので，しくみを正しく理解して覚えるようにしよう。

◎**選挙などの時事問題も出題されることが多い。**普段から**新聞やテレビのニュースをチェックする**ことを習慣づけよう。

Challenge! −実戦問題−

解答 ➡ 別冊 p.15

1 次の問いに答えなさい。　　　　　　　〔(1)山口県　(2)和歌山県-改　(3)千葉県-改〕

(1) 日本国憲法には，さまざまな人権が規定されています。しかし，社会の変化にともなって，日本国憲法に直接的には規定されていない権利が主張されるようになりました。このような権利として最も適切なものを，次の**ア〜エ**から選び，記号で答えなさい。

　ア 裁判を受ける権利　　**イ** 団体行動権　　**ウ** 知る権利　　**エ** 財産権　　〔　　　　〕

(2) 国会における法律の制定や改正の手続きとして適切に述べているものを，次の**ア〜エ**の中から2つ選び，その記号を書きなさい。

　ア 本会議で議決される前に，通常，与党と野党の議員からなる委員会で審査される。

　イ 衆議院が参議院と異なった議決をし，両院協議会でも不一致の時は衆議院の議決を国会の議決とする。

　ウ 提出された議案は，衆議院から先に審議が行われる。

　エ 議案の議決は，衆議院，参議院ともに，特別な場合を除いて出席議員の過半数が賛成すれば可決される。　　　　　　　　　　　　　　　　　　　　〔　　　　〕〔　　　　〕

(3) 次の文章は，直接請求権について述べたものです。文章中の　X　にあてはまる適当な数を整数(小数点以下は切り捨て)で，　Y　にあてはまる適当な語を漢字で書きなさい。

> 　直接請求権を行使するには，一定の署名を集めて請求する必要がある。例えば，有権者数が151820人のW市において，条例の制定を求める直接請求を行う場合，有権者　X　人以上の署名を集めて，　Y　に請求することになる。

X〔　　　　　　　〕 Y〔　　　　　　　〕

2 次の問いに答えなさい。

〔(1)茨城県-改　(2)新潟県-改　(3)新潟県〕

(1) 為替相場（為替レート）に関して述べた次の文中の あ ， い にあてはまる語の正しい組み
合わせを，下の**ア～エ**から選びなさい。

> 例えば，「1ドル＝100円」から「1ドル＝ あ 円」になるなど，ドルなどの外国の通貨に
> 対して円の価値が下がる場合は円安といい，一般的に輸入品の価格は上がる。一方で，円安
> により日本からの い などは増える傾向にある。

ア あ－90　い－海外旅行の件数　　**イ** あ－90　い－自動車の輸出
ウ あ－110　い－海外旅行の件数　**エ** あ－110　い－自動車の輸出　〔　　　〕

(2) 次の文は，日本銀行が行う金融政策について述べたものです。文中の a ， b にあては
まる語句の正しい組み合わせを，下の**ア～エ**から選びなさい。

> 不景気のときに，日本銀行が銀行 a と，銀行が保有する資金量は b ため，企業
> に貸し出す資金が b ので，経済活動が活発になり，景気は回復へ向かうと考えられる。

ア a－から国債を買う　b－減る　　**イ** a－から国債を買う　b－増える
ウ a－に国債を売る　b－減る　　　**エ** a－に国債を売る　b－増える　〔　　　〕

(3) 右の図は，自由な競争が維持されている市
場における，ある商品の需要量と供給量と価
格の関係を表したものです。この商品の価格
が図中のP円であるとき，次の文中の X ，
Y に当てはまる語句の組み合わせとし
て，正しいものを，下の**ア～エ**から1つ選び，
その符号を書きなさい。

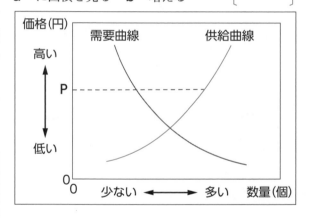

> 価格がP円のときは，需要量が供給
> 量よりも X から，一般に，その後
> の価格は Y と考えられる。

ア X－多い　Y－上がる　　**イ** X－多い　Y－下がる
ウ X－少ない　Y－上がる　**エ** X－少ない　Y－下がる　〔　　　〕

3 次の問いに答えなさい。

〔(1)長崎県　(2)山口県〕

(1) 人権について，1948年に国際連合で採択された，各国が保障すべき人権の共通の基準を示し，人権保
障の模範となっているものは次のどれですか。
ア 女子差別撤廃条約　　**イ** 世界人権宣言
ウ 子どもの権利条約　　**エ** 国際人権規約　　〔　　　〕

(2) 国際連合において，子どもの権利条約に基づき，子どもがすこやかに育つ環境を確保するために活動
する機関を何といいますか。次の**ア～エ**から1つ選び，記号で答えなさい。
ア UNICEF　**イ** UNHCR　**ウ** WHO　**エ** WTO　　〔　　　〕

4 総合（資料・史料問題）

ステップアップ学習

◎入試問題では，各分野で以下のような問題が頻出である。

❶統計データを元にしたグラフや表を示して，その内容を判断させる**統計資料問題**。
❷歴史的な文書の一部や写真などを示して，その内容を判断させる**史料問題**。
❸特定のある文書の一部や写真などを示して，その内容を判断させる**資料問題**。

◎地理分野では，上記の❶が頻出である。**各種産業や貿易に関連する統計データを元にした資料問題が多いが，資料中の数値から計算を行うケースもある。ほかに，世界や日本の各地域の気候を示した雨温図のグラフ**が出題されやすいので注意しておこう。

◎歴史分野では，上記の❷が頻出である。教科書にのっている史料が出題されるケースがほとんどなので，各時代の代表的な史料を整理しておこう。

◎公民分野では，❶と❸が頻出である。❶は**人口に関連する資料**（出生率や高齢者割合）や，**国・地方の財政に関連する資料**（歳入と歳出）などが代表的。❸は**法律に関連する資料**（特に**日本国憲法**）が重要なので，教科書の巻末にある資料一覧などをよく確認しておこう。

Challenge! −実戦問題−

解答 ➡ 別冊p.15

1 次の資料は，2017年における世界の鉄鉱石の生産量，輸出量および輸入量の国別割合を示したものです。資料から読み取れることとして適当なものを，あとの**ア〜オ**から2つ選びなさい。

〔京都府 - 改〕

「データブックオブ・ザ・ワールド2020」及び「鉄鋼統計要覧2019」より作成

ア 鉄鉱石の生産量が上位4位までに入っている国はすべて，鉄鉱石の輸入量でも上位4位までに入っている。

イ 鉄鉱石の生産量と輸出量について，いずれもオーストラリアはブラジルの2倍に満たない。

ウ ブラジルの鉄鉱石の輸出量は，日本の鉄鉱石の輸入量の2倍以上である。

エ ブラジルの鉄鉱石の生産量は，日本と韓国とドイツの鉄鉱石の輸入量の合計より少ない。

オ 中国の鉄鉱石の生産量と輸入量の合計は，世界の鉄鉱石の生産量の半分以上に相当する。

〔 〕〔 〕

2 次の問いに答えなさい。 〔(1)兵庫県-改 (3)岩手県〕

(1) 右の**A**の歌をよんだ九州地方の警備にあたった兵士を何というか, 漢字2字で書きなさい。[　　　　　　　　]

(2) 右の**B**の歌をよんだ平安時代の人物を答えなさい。[　　　　　　　　]

> **A** から衣　すそに取りつき　泣く子らを
> 置きてぞ来ぬや　母なしにして

> **B** この世をば　わが世とぞ思ふ（う）　望月の
> 欠けたることも　無しと思へ（え）ば

(3) 次の**資料Ⅰ・Ⅱ**のうち, 江戸幕府が武士を統制するために定めた法律はどちらですか。1つ選び, その記号を書きなさい。また, 選んだ資料の法律の名称を答えなさい。

資料Ⅰ

> 一　文武弓馬の道（学問と武道）にひたすら励むようにせよ。
> 一　城は, たとえ修理であっても必ず幕府に報告せよ。
> 一　幕府の許可なく, 婚姻を結んではならない。　　　　（部分要約）

資料Ⅱ

> 一　諸国の守護の職務は, 国内の御家人を, 京都の警護に当たらせること, 謀叛や殺人などの犯罪人を取り締まることである。
> 一　武士が20年の間, 実際に土地を支配しているならば, その者に所有を認める。　　　　（部分要約）

記号[　　　]　名称[　　　　　　　　　]

3 次の問いに答えなさい。 〔(1)千葉県-改・新潟県-改 (2)富山県-改〕

(1) 次の日本国憲法の条文について, **A**と**B**にあてはまる適当な語句をそれぞれ答えなさい。

> 第1条
> 　天皇は, 日本国の　**A**　であり, 日本国民統合の　**A**　であって, この地位は, 主権の存する日本国民の総意に基く。
> 第13条
> 　すべて国民は, 個人として尊重される。生命, 自由及び幸福追求に対する国民の権利については, 　**B**　に反しない限り, 立法その他の国政の上で, 最大の尊重を必要とする。

A[　　　　　　]　B[　　　　　　　]

(2) 次の文は, ある法律の条文である。この法律名として適切なものを, 次の**ア〜エ**から1つ選び, 記号で書きなさい。

> 第4条　［男女同一賃金の原則］
> 　使用者は, 労働者が女性であることを理由として, 賃金について, 男性と差別的取扱いをしてはならない。

ア 労働関係調整法　　**イ** 労働基準法　　**ウ** 労働組合法　　**エ** 独占禁止法　[　　　　]

総合テスト

1 右の資料を見て，次の問いに答えなさい。

〔(1)(2)(3)京都府-改〕［3点×8］

(1) **資料Ⅰ**中のa～dの点線は，15度の間隔で引かれた経線を示しており，この4本の経線のうち，1本は本初子午線です。本初子午線はどれか，a～dから1つ選びなさい。

［　　　　　］

(2) **資料Ⅰ**中のアフリカ大陸で，20世紀にアフリカ州に属していない国によって核実験が行われていました。これについて，次の①・②の問いに答えなさい。

① 日本が定めている，核兵器を「持たず，つくらず，持ちこませず」という方針を何というか，ひらがな9字で書きなさい。

［　　　　　　　　　　　　　　　］

② アフリカ大陸で初めて核実験が行われた年には，アフリカ州で17の独立国が生まれ，この年は「アフリカの年」とよばれています。**資料Ⅱ**は，20世紀の世界のできごとを，年代順に並べて作成したものです。**資料Ⅱ**中のA～Dのうち，「アフリカの年」が入る時期はどれか，1つ選びなさい。

［　　　　　］

資料Ⅰ

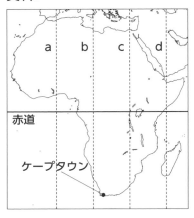

資料Ⅱ

A ↕	ベルサイユ条約が結ばれる
B ↕	世界恐慌が起こる
C ↕	国際連合が発足する
D ↕	石油危機が起こる
	冷戦が終結する

(3) 次の文は，**資料Ⅰ**中のケープタウンの南部に位置する喜望峰をまわって，15世紀後半にインドに到達した人物について書いたものです。これについて，次の①・②の問いに答えなさい。

> 　**A**　は，　**B**　から出航した後，アフリカ大陸西岸に沿って　**C**　を南下し，喜望峰をまわってインドに到達したことで，ヨーロッパから直接インドに行く航路を開いた。

① 文中の　**A**　に入る人物名を，次のi群**ア～ウ**から，文中の　**B**　に入るものとして最も適当なものを，ii群**カ～ク**からそれぞれ1つずつ選びなさい。

i群　**ア** マゼラン　　**イ** コロンブス　　**ウ** バスコ・ダ・ガマ　　　　　　i群［　　　　　］

ii群　**カ** イギリス　　**キ** スペイン　　**ク** ポルトガル　　　　　　ii群［　　　　　］

② 文中の　**C**　にあてはまるのは，三大洋のうちのどれですか。　　［　　　　　］

(4) **資料Ⅱ**中の下線部の安全保障理事会について，次の①・②の問いに答えなさい。

① 六大陸のうち，常任理事国の首都が1つも位置しない大陸をすべて書きなさい。

［　　］

② この機関の構成を，理事国の数と「任期」の語句を使って，簡単に説明しなさい。

［

2 右の地図を見て，次の問いに答えなさい。

〔(1)北海道-改　(2)和歌山県-改〕［4点×2］

(1) アイヌの人々と，本州の人々との交易が行われた
十三湊のおおよその位置を，地図の**ア～エ**から選びな
さい。　　　　　　　　　　　〔　　　　　　　〕

(2) 地図中の**イ**は現在の青森県八戸市です。**図1**は同市
の月別日照時間，**図2**は，同市の月別平均気温を，
1993年と平年値をそれぞれ比較して表したものです。
同市において，1993年に稲が十分に育たず，米の収穫
量が大幅に減少した理由を，**図1**と**図2**のそれぞれから読み取り，簡単に説明しなさい。

総合テスト

図1

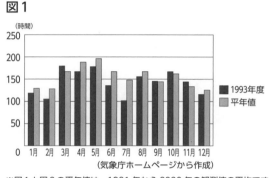

（気象庁ホームページから作成）

※図1と図2の平年値は，1981年から2020年の観測値の平均です。

図2

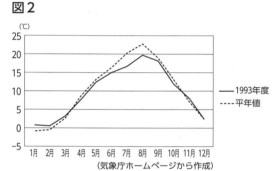

（気象庁ホームページから作成）

〔　　　　　　　　　　　　　　　　　　　　　　　　　　　　　　　　　〕

3 次の文を読んで，あとの問いに答えなさい。

〔(1)千葉県-改　(2)沖縄県-改〕［4点×3］

　　1889年に発布された**a大日本帝国憲法**の草案は，伊藤博文初代**b内閣**総理大臣が中心と
なって作成されたものである。

(1) 下線部**a**について，次の文の　**X**　，　**Y**　にあてはまる語句を，次の**ア～エ**から選びなさい。

　　大日本帝国憲法では，議会は，　**X**　と衆議院の二院制がとられ，　**Y**　は，天皇の相談
に応じ，憲法解釈などの国の重要事項を審議する組織とされた。

ア 参議院　　**イ** 枢密院　　**ウ** 内閣　　**エ** 貴族院　　　X〔　　　　　〕Y〔　　　　　〕

(2) 現在の下線部**b**についての説明として，最も適当なものを，次の**ア～オ**のうちからすべて選び，
記号で答えなさい。

ア 内閣総理大臣は，国会議員の中から国会の議決により指名される。

イ 内閣を構成する国務大臣は，全員，国会議員でなければならない。

ウ 内閣の仕事として，予算案の作成や政令の制定，条約の承認などがある。

エ 衆議院で内閣不信任の決議が可決されると，内閣は総辞職するか，30日以内に衆議院を解
　散して総選挙を行わなければならない。

オ 内閣は，国会の承認を得ずに最高裁判所長官を指名する。　　　　〔　　　　　　　〕

4 次の文を読んで，あとの問いに答えなさい。　〔(2)岩手県　(3)千葉県　(4)栃木県〕[4点×6]

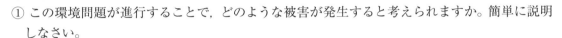

> a パリ郊外にあるベルサイユ宮殿で結ばれた b ベルサイユ条約により，わが国は，c 中国における d ドイツの権益を受け継ぎ，ドイツ領の南洋諸島を委任統治領として獲得しました。

(1) 2015年，下線部 a でパリ協定が結ばれました。この協定が扱っている環境問題について，次の①〜③の問いに答えなさい。

① この環境問題が進行することで，どのような被害が発生すると考えられますか。簡単に説明しなさい。

[　　　　　　　　　　　　　　　　　　　　　　　　　　　　　　　　　　]

② 発電時にこの環境問題に対して悪影響をあたえる化石燃料のうち，2019年現在の日本における輸入額が最も大きいものを，次のア〜エから選びなさい。

　　ア　石炭　　イ　ウラン　　ウ　原油　　エ　液化ガス　　　　　[　　　　]

③ この環境問題への対策になる可能性のある燃料としてバイオ燃料があります。この燃料の原料にもなるとうもろこしの，2018年現在の生産量が最も多い国を書きなさい。

[　　　　　]

(2) 次のア〜エのうち，下線部 b が結ばれたころのわが国のようすについて述べているものとして，最も適当なものはどれですか。一つ選び，その記号を書きなさい。

　　ア　陸軍の将校らによる二・二六事件以降，軍部の政治的な発言力がいっそう強まった。

　　イ　イギリスとのあいだで，領事裁判権の撤廃と，関税自主権の一部を回復する内容の条約を結んだ。

　　ウ　武力で朝鮮の開国をせまる征韓論が高まり，使節の派遣が決まったが，反対意見が出て，派遣は見送られた。

　　エ　シベリア出兵をあてこんだ米の買い占めなどで，米価が急に高くなると，安売りを求める騒動が全国に広がった。　　　　　　　　　　　　　　　　　　[　　　　]

(3) 下線部 c の中国について，次の文章中の[　　]に共通してあてはまる適当な語を書きなさい。

> 　この国では，1979年以降，特別な法律が適用される地域である[　　]をつくり，沿岸部のシェンチェンなどが指定された。[　　]を設けた目的は，税金を軽くすることなどにより，外国の高度な技術や資金を導入して経済を発展させることであった。

[　　　　　]

(4) 右の表の ⓐ，ⓑ，ⓒ には，下線部 d のドイツ，韓国，タイのいずれかがあてはまります。ⓐ，ⓑ，ⓒ にあてはまる国の組み合わせとして正しいのはどれですか。

　　ア　ⓐ－韓国　　ⓑ－タイ　　ⓒ－ドイツ

　　イ　ⓐ－韓国　　ⓑ－ドイツ　　ⓒ－タイ

　　ウ　ⓐ－ドイツ　　ⓑ－韓国　　ⓒ－タイ

　　エ　ⓐ－ドイツ　　ⓑ－タイ　　ⓒ－韓国

	主な宗教の人口割合（%）			
ⓐ	キリスト教	56.2	イスラム教	5.1
ⓑ	仏教	94.6	イスラム教	4.3
ⓒ	キリスト教	27.6	仏教	15.5

注）韓国，タイは2015年，ドイツは2018年
「The World Fact Book」により作成

[　　　　　]

5 右の地図を見て，次の問いに答えなさい。

〔(1)北海道　(4)新潟県-改〕〔4点×5〕

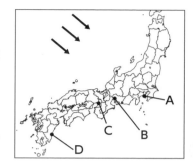

(1) 地図の↘は，冬に吹く日本付近の季節風(モンスーン)のおおよそその向きを示しています。大陸では乾燥していたこの風が，日本の山脈にぶつかり日本海側に多くの雨や雪を降らせる理由を，簡単に説明しなさい。

[　　　　　　　　　　　　　　　　　　　　　　　　　　　　　　　]

(2) A～Cの府県に関する歴史として正しいものを，次のア～ウからすべて選びなさい。

　　ア　Aの県には鎌倉幕府が置かれ，1792年にはアメリカのペリーが来航した。
　　イ　Bの県は，織田信長の有名な戦いである桶狭間の戦いや長篠の戦いの舞台となった。
　　ウ　Cの府には，大仙(仁徳陵)古墳や稲荷山古墳，江田船山古墳などがつくられた。

[　　　　　　　　　　]

(3) Bの県において，監査を求める直接請求を行う場合，何人以上の有権者の署名を集め，どこに請求することになりますか。なお，Bの県の有権者数(2021年6月1日時点)は6131510人で，求める有権者数の数値は小数点以下を切り捨てとします。

有権者数[　　　　　　　　]　請求先[　　　　　　]

(4) 右のグラフは，地図中のB～Dそれぞれの府県の工業生産額と農業生産額を示したものであり，グラフ中の点X～Zは，これら三つの府県のいずれかのものです。グラフ中の点Yに当てはまる府県を，地図中のB～Dから選びなさい。

[　　　　　　]

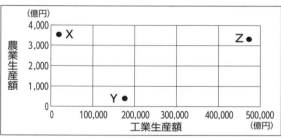

(「データでみる県勢」2020年版より作成)

6 次の問いに答えなさい。

〔(2)新潟県　(3)栃木県〕〔3点×4〕

(1) 次の□□□□に当てはまる語句を，漢字で答えなさい。

> 最高裁判所は，国会がつくる法律や内閣による行政処分などが，合憲か違憲かについての最終決定権をもっており，「憲法の□□□□」とよばれている。

[　　　　　　　　　　　]

(2) わが国の社会保障制度のしくみにおいて，国民年金などの年金制度がふくまれるものとして，最も適当なものを，次のア～エから1つ選び，その符号を書きなさい。
　　ア　公衆衛生　　イ　公的扶助　　ウ　社会福祉　　エ　社会保険　[　　　　]

(3) 製品の欠陥で消費者が身体に損害を受けた場合など，企業の過失を証明しなくても賠償を請求できることを定めた法律はどれですか。
　　ア　消費者契約法　　イ　製造物責任法　　ウ　環境基本法　　エ　独占禁止法[　　　]

(4) 清水寺などの世界文化遺産が位置し，1972年に市街地景観整備条例を制定して建物の高さやデザインなどに規制を設けている市町村はどこですか。
[　　　　　　　　]

初版
第1刷　2021年12月1日　発行

●編　者
　　数研出版編集部
●カバー・表紙デザイン
　　有限会社アーク・ビジュアル・ワークス

発行者　星野　泰也
ISBN978-4-410-15188-0

チャート式®シリーズ　　中学社会　　総仕上げ

発行所　数研出版株式会社

〒101-0052　東京都千代田区神田小川町2丁目3番地3
　　　　　　　〔振替〕00140-4-118431
〒604-0861　京都市中京区烏丸通竹屋町上る大倉町205番地
〔電話〕代表　(075)231-0161
ホームページ　https://www.chart.co.jp
印刷　創栄図書印刷株式会社

本書の一部または全部を許可なく
複写・複製することおよび本書の
解説・解答書を無断で作成するこ
とを禁じます。

乱丁本・落丁本はお取り替えいたします　211001

解答と解説

復習編

1 世界と日本の姿／世界各地の人々の生活と環境

Check!　本冊 ➡ p.4

1 ① アフリカ　② 太平　③ オセアニア　④ 6
⑤ 南　⑥ 国際連合　⑦ ロシア連邦　⑧ 内陸国
⑨ イスラム　⑩ 4　⑪ 赤道　⑫ 本初子午線
⑬ 自転　⑭ 正距方位図法

2 ① 明石　② 東経135　③ 15　④ 38
⑤ 沖ノ鳥島　⑥ 与那国島　⑦ 200
⑧ 排他的経済　⑨ 歯舞　⑩ 国後島
⑪ ロシア連邦　⑫ 近畿　⑬ 東北

3 ① 乾燥　② 冷(亜寒)　③ 温暖(温帯)湿潤気候
④ ツンドラ気候　⑤ オアシス　⑥ ゲル
⑦ キリスト教

Try!　本冊 ➡ p.6

1 (1) ① A　② B　(2) ウ
(3) 記号：Y　名称：太平洋　(4) ウ

2 (1) イ　(2) 1月4日午後8時
(3) 北方領土　(4) ① 記号：B　名称：沖ノ鳥島
② (例) この島が消失すると，日本は広大な
排他的経済水域を失うことになる。

3 (1) 記号：A　名称：水戸市　(2) 東海
(3) フォッサマグナ

4 (1) ウ　(2) ウ

5 (1) ポンチョ　(2) ① B　② A
(3) (例) ヒンドゥー教では牛を神聖な動物として
大切にしているため。

解説

1 (1) ① 人口が世界1位の国は中国，2位の国はイン
ドで，いずれもユーラシア大陸に位置している。
(2) フィリピンは東南アジア，イランは西アジア，イン
ドは南アジアに属している。
(3) 三大洋は，面積の大きい順にYの太平洋，Zの
大西洋，Xのインド洋となる。
(4) この地図は，面積が正しく表されている図法(モ
ルワイデ図法)の地図である。

2 (1) 日本の標準時子午線である東経135度線は，兵

庫県明石市などを通る。
(2) 東京(日本)の標準時子午線は東経135度，ニュー
ヨークは西経75度なので，時差は，135＋75＝
210，210÷15＝14から14時間。ニューヨーク
は東京から見て，日付変更線を西から東に越え
ることになるので，1月5日午前10時より14
時間おくれた，1月4日午後8時となる。
(4) ② 日本は約300億円をかけて沖ノ鳥島の護岸
工事を行い，これにより周囲約40km²の海
域が日本の排他的経済水域として維持され
ることになった。

3 (1) Bの静岡県，Cの高知県，Dの福岡県は，いず
れも県名と県庁所在地名が同じである。
(2) 中部地方は，日本海側の北陸，内陸部の中央高
地，太平洋側の東海の3地域に分けられる。

4 (1) 雨温図はローマの気候を示したものである。年
平均気温が比較的高く，夏よりも冬に降水量が
多いことから，地中海性気候と判断できる。
(2) 1年を通して気温が高く，雨が多いことから，
熱帯雨林気候のシンガポールと判断できる。

5 (2) ① イスラム教は三大宗教の中で最も新しい宗
教で，中央アジアから西アジア，北アフリカ
で広く信仰されている。
(3) ヒンドゥー教は多神教で，神の使いとして牛を
あがめているため，信者は牛肉を食べない。ヒ
ンドゥー教は世界の三大宗教にはふくまれない
が，インド人の多くが信仰していることから，
信者数はキリスト教，イスラム教に次いで多い。

2 世界の諸地域①

Check!　本冊 ➡ p.8

1 ① 長江　② 季節風(モンスーン)
③ 一人っ子政策　④ 多民族国家　⑤ 小麦
⑥ 二期作　⑦ プランテーション　⑧ 経済特区
⑨ ASEAN　⑩ ヒンドゥー　⑪ 茶
⑫ レアメタル

2 ① 北大西洋海流　② 偏西風　③ フィヨルド
④ ラテン　⑤ ゲルマン　⑥ スラブ
⑦ EC(ヨーロッパ共同体)　⑧ ユーロ
⑨ 小麦　⑩ 地中海式農業　⑪ 混合農業

⑫ 産業革命　⑬ フランス　⑭ 石油化学
⑮ ソビエト社会主義共和国連邦　⑯ タイガ
⑰ パイプライン

Try!
本冊 ➡ p.10

1 (1) ウ　(2) 一人っ子政策　(3) B，G　(4) F
(5) **ASEAN**
(6) (例) アジアを植民地支配したヨーロッパ人が
開いた農園だった。

2 (1) X：デカン高原　Y：ペルシャ湾（わん）　(2) メッカ
(3) ① A　② D　③ E

3 (1) フィヨルド　(2) ウ　(3) ① ユーロ
② イギリス　(4) D　(5) 航空機
(6) (例) 東ヨーロッパの方が土地の値段や労働力
が安いため。

4 (1) X：ウラル山脈　Y：タイガ
(2) イ　(3) 記号：a　首都名：モスクワ
(4) ペレストロイカ

解説

1 (1) 中国の農業は，東北地方や華北（かほく）では畑作，華中（かちゅう）・
華南（かなん）では稲作（いなさく），西部では牧畜（ぼくちく）が，おもに行われ
ている。
(3) アジアの中でもいち早く工業化をとげた韓国（かんこく）・
シンガポール・ホンコン・台湾（たいわん）は，アジアＮＩＥ
Ｓ（新興工業経済地域）とよばれる。
(5) ＡＳＥＡＮ（東南アジア諸国（しょこく）連合）には，タイ，
マレーシア，シンガポール，インドネシア，フィ
リピン，ブルネイ，ベトナム，ミャンマー，カン
ボジア，ラオスが加盟している。
(6) プランテーションは，元はアジア各地を植民地
としていたヨーロッパ人が切り開いた大農園
で，現地の人を使って本国向けの農産物を大量
に生産していた。マレーシアは油やし，フィリ
ピンはバナナ，インドネシアはコーヒー豆の栽（さい）
培（ばい）がさかん。

2 (1) X インド南部のデカン高原は，世界でも有数
の綿花の栽培地である。
Y 日本はサウジアラビアやアラブ首長国連邦
など，大半の石油をペルシャ湾岸の国々か
らの輸入にたよっている。
(2) イスラム教徒は，メッカの方向に向かって１日
に５回，お祈りをすることが定められている。
イスラム教徒にとって，メッカは一生に一度
訪れたい聖地とされている。
(3) ① インドでは，南部の都市ベンガルールを中
心としてＩＣＴ（情報通信技術）産業が，急

速に発展している。

3 (2) 北海油田の開発により，イギリスとノルウェー
は石油の輸出国になっている。
(3) ② 2020年にイギリスがＥＵから離脱（りだつ）したでき
ごとをブレグジットという。
(4) Aのスペインとのイタリアはラテン系の民族
でカトリックの信者が多い。Cのドイツはゲル
マン系の民族でプロテスタントが多い。
(6) 西ヨーロッパ企業（きぎょう）による東ヨーロッパへの工場
進出が進む一方，ＥＵ域内では労働者の移動が
自由となっていることから，仕事を求めて東
ヨーロッパの人々がドイツやフランスなどへ移
り住むするケースが増えている。

4 (1) X ウラル山脈は，ユーラシア大陸をヨーロッパ
州とアジア州に分ける際の境界となる山脈
である。
Y シベリアにはタイガとよばれる，マツやモミ
などの広大な針葉樹林帯が広がる。
(4) ペレストロイカとよばれる政治・経済改革を進
めたソビエト社会主義共和国連邦（ソ連）は
1991年に連邦が解体し，ロシア連邦をはじめ
とする15の国に分裂（ぶんれつ）した。

3 世界の諸地域②

Check!
本冊 ➡ p.12

1 ① サハラ　② ナイル　③ イスラム
④ キリスト　⑤ 植民地　⑥ プランテーション
⑦ モノカルチャー　⑧ アフリカ連合

2 ① ロッキー　② ミシシッピ　③ ヒスパニック
④ 穀物（こくもつ）メジャー　⑤ 適地適作（てきちてきさく）　⑥ サンベルト
⑦ シリコンバレー　⑧ 多文化

3 ① アマゾン　② アンデス
③ メスチソ（メスチーソ）　④ ポルトガル
⑤ スペイン　⑥ さとうきび　⑦ 石油　⑧ 銅鉱

4 ① ミクロネシア　② メラネシア　③ ポリネシア
④ アボリジニ　⑤ マオリ　⑥ 羊　⑦ タロいも
⑧ 石炭　⑨ 鉄鉱石

Try!
本冊 ➡ p.14

1 (1) サヘル　(2) ア　(3) A　(4) C
(5) (例) 少数の白人が多数の有色人種を差別する
政策だった。

2 (1) X：プレーリー　Y：グレートプレーンズ
(2) サンベルト　(3) ① D　② B
(4) ヒスパニック　(5) カナダ

3 (1) X：セルバ　Y：パンパ　Z：アンデス山脈

(2) イ　(3) リャマ，アルパカ　(4) イ

(5) A：ポルトガル語　B：スペイン語　(6) エ

(7) (例)先住民と白人の混血の人々。

4 (1) 記号：Z　よび名：ポリネシア　(2) イギリス

(3) A：アボリジニ　B：マオリ　(4) イ　(5) エ

解説

1 (1) サヘルとはアラビア語で「縁(ふち)」を意味し，アフリカ北部に広がるサハラ砂漠(さばく)の南縁(なんえん)にあたる地域をいう。

(2) カカオの生産量(2018年)は，コートジボワールが世界1位，ガーナが2位となっている。

(5) 南アフリカ共和国で長く続いていたアパルトヘイト(人種隔離(かくり)政策)に対して国際社会からの批判が高まり，1991年に人種差別に関連する法律は撤廃(てっぱい)された。

2 (1) Xのプレーリーは肥沃な黒土。西経100度以東で雨が降るため，さまざまな農作物が栽培(さいばい)されている。Yのグレートプレーンズは西経100度以西で乾燥(かんそう)帯。小麦の栽培と放牧が中心である。

(3) ① ニューヨークは，アメリカ経済の中心地であり，多国籍企業(たこくせきぎぎょう)の本社が集中している。

② ロサンゼルスは西海岸最大の都市。地中海性気候に属し，周辺部ではオレンジやぶどうの栽培がさかんである。

(4) ヒスパニックの人々は，スペイン語を話し，カトリックを信仰(しんこう)するラテン系であるため，ラティーノともよばれる。

(5) カナダは，イギリス系とフランス系の白人が多く，北極圏(けん)に住む先住民族のイヌイットや，アジアからの移民など多様な人々や暮らすことから，1970年代初めに世界で初めて多文化主義政策を採用した国として知られている。

3 (1) Y 広大な草原地帯のパンパでは，雨の多い東部で小麦の栽培がさかん。だいずの栽培や酪農(らくのう)も行われている。雨の少ない西部では，肉牛や羊の牧畜(ぼくちく)が中心となっている。

(2) アマゾン川流域のセルバでは，伝統的な焼畑農(やきはた)業によって自給自足的な生活が行われてきたが，近年は大規模な森林開発により，人々の生活も大きく変化してきている。

(3) アンデス山脈の寒冷な高地では，リャマとアルパカの牧畜が行われている。アルパカは，良質な毛がとれ，海外にも輸出されている。

(4) ブラジルは現在，さまざまな品目の農産物や機械類を生産・輸出しているが，コーヒー豆の生産は依然(いぜん)としてさかんで，世界1位の生産量

(2018年)をほこる。

(5) 植民地時代の旧宗主国の影響(そうしゅこく)(えいきょう)で，ブラジルはポルトガル語が，アルゼンチンなど他の多くの国々はスペイン語が公用語になっている。

(7) パラグアイ，チリ，ベネズエラなどの国々では，メスチソの割合が人口の半数以上を超えている。

4 (1) ポリネシアは「多くの島々」という意味で，ハワイ諸島やイースター島など，日付変更線(ひづけへんこうせん)の東側の地域である。

(2) オーストラリアやニュージーランドをはじめ，南太平洋の多くの国々も，かつてイギリスの植民地だった。そのため各国の国旗には，イギリスの国旗(ユニオン・ジャック)が描(えが)かれているものが多い。

(3) オーストラリアのアボリジニはブーメランを使った狩猟(しゅりょう)生活，ニューギニアのマオリはハカとよばれる伝統的な踊(おど)りが有名である。

(4) 2020年現在，輸出・輸入ともに，オーストラリアの最大の貿易相手国は中国となっている。

4 地域調査の手法／日本の地域的特色と地域区分①

Check!

1 ① 主曲線　② 10　③ 急　④ 果樹園(かじゅ)

⑤ 郵便局　⑥ 図書館

⑦ 野外調査(フィールドワーク)

2 ① 3　② フォッサマグナ(大地溝帯)(だいちこうたい)　③ 赤石(あかいし)

④ 盆地　⑤ リアス海岸

⑥ オホーツク海　⑦ 大陸棚(たな)

⑧ 黒潮(日本海流)(くろしお)　⑨対馬海流(つしま)

⑩ 親潮(千島海流)(おやしお)

3 ① 季節風(モンスーン)　② 太平洋　③ 台風

④ 梅雨(つゆ)　⑤ ヒートアイランド　⑥ 亜熱帯(あ)

⑦ 津波(つなみ)　⑧ ハザードマップ(防災マップ)

4 ① 人口密度(こうれい)　② ベビーブーム　③ 少子化

④ 高齢化　⑤ つぼ　⑥ 限界集落

Try!

1 (1) 国土地理院　(2) ウ　(3) ① 20　② 100

(4) ① イ　② ウ　③ ア

2 (1) ① 奥羽山脈(おうう)　② 信濃川(しなの)　③ 関東平野

④ 紀伊山地(きい)　(2) 黒潮(日本海流)

(3) 大陸棚　(4) ア　(5) ウ

(6) (例)川が山地から平地に出るところに土砂が積もってできた扇形(おうぎがた)の傾斜地(けいしゃ)。

3 (1) ① ア　② イ　③ エ　④ ウ

3

(2) ① 南東　② 北西　(3) 冷害
(4) (例) 夏に大都市の中心部で気温が異常に高くなる現象。　(5) イ

4 (1) ① B　② A　(2) イ→ウ→ア
(3) 三大都市圏　(4) ウ

解説

1 (2) 実際の距離をもとにして, 地形図上の長さを求める場合には, 次の式にあてはめて計算する。
〔地形図上の長さ＝実際の距離÷縮尺の分母〕
上の式から, 500000cm（＝5km）÷25000＝20cmとなる。

(3) 5万分の1地形図では, 主曲線は20m, 計曲線は100mごとに描かれる。一方, 2万5千分の1地形図では, 主曲線は10m, 計曲線は50mごとに描かれるので, 区別がつくようにしておこう。

(4) エの郵便局の地図記号は🏣, オの裁判所の地図記号は⚖, カの博物館・美術館の地図記号は🏛である。

2 (2) 太平洋側には, 南から北上する暖流の黒潮（日本海流）と, 北から南下する寒流の親潮（千島流）が流れている。

(5) 日本の国土は, 約75％が山地や丘陵で占められており, 残りの約25％の平野に日本の人口の大部分が集中している。

(6) 扇状地は水はけがよく, ぶどうやももなどの果樹園に利用されることが多い。山梨県の甲府盆地にある扇状地が有名である。

3 (1) ①は冬の降水量が多いことから積雪の多い日本海側の鳥取市, ②は年平均気温が20℃を超えていることから那覇市, ③は年降水量が非常に多いことから日本有数の多雨地域である潮岬, ④は年平均気温が低く冬には0℃を大きく下回る月もあることから旭川市と判断できる。

(4) コンクリートの建物が建ちならび, アスファルトの道路が走る大都市の中心部では, 夏の時期に事業活動やエアコンからの放射熱が閉じこめられ, 郊外より気温が高くなる。気温分布図上で高熱の地域が島のような形に見えることから, ヒートアイランド（熱の島）とよばれる。

(5) 2011年の東日本大震災（東北地方太平洋沖地震）は, プレートが沈みこむことによって海底で発生した海洋型地震である。

4 (1) 20世紀後半, アジア州やアフリカ州などの発展途上国では, 衛生環境や栄養状態の改善などにより死亡率が低下し, 人口爆発とよばれる急激な人口増加がおこった。

(2) アはつりがね型, イは富士山型, ウはつぼ型の人口ピラミッド。日本の人口ピラミッドは, 富士山型→つりがね型→つぼ型と変化してきた。

(4) 住宅不足がおこるのは, 人口の多い過密地域に見られる都市問題の1つである。

5 日本の地域的特色と地域区分②

Check!　本冊 ➡ p.20

1 ① 石油　② 南アフリカ共和国　③ 温暖化
④ 水力　⑤ 火力　⑥ 福島第一　⑦ 再生

2 ① 新潟　② 近郊農業　③ 促成栽培
④ 人工林　⑤ 遠洋漁業　⑥ 栽培漁業

3 ① 京浜　② 加工貿易　③ 産業の空洞化
④ 情報通信技術　⑤ 自動車　⑥ 太平洋ベルト
⑦ 第1次　⑧ 第2次　⑨ 第3次　⑩ 卸売業

4 ① 航空機　② 青函　③ 本州四国　④ 自動車
⑤ 高速通信（情報通信）
⑥ 情報格差（デジタルデバイド）

Try!　本冊 ➡ p.22

1 (1) A：オーストラリア　B：ブラジル
C：サウジアラビア　D：アラブ首長国（連邦）
(2) エ　(3) 再生可能

2 (1) A：米　B：りんご　C：さくらんぼ　D：豚
(2) ① エ　② ア
(3) (例) 卵からかえした稚魚を育ててから海や川に放流し, 成長してからとる漁業。

3 (1) A：ウ　B：ア　C：エ　D：イ
(2) イ→ア→エ→ウ
(3) ① ウ, カ　② ア, エ　③ イ, オ

4 (1) ウ　(2) エ　(3) ICT
(4) (例) パソコンやスマートフォンなどの機器や技術を利用できる人とできない人との間で生じる情報格差の問題。

解説

1 (2) 1970年代以降, 日本では原子力発電の割合が増えたが, 2011年の福島第一原発事故をきっかけに多くの原子力発電所が停止になり, その割合は大きく減少した。

2 (1) A 米の生産量（2019年）の全国1位は新潟県（8.3％）, 2位は北海道（7.6％）である。
B りんごの生産量（2018年）の全国1位は青森県（58.9％）, 2位は長野県（18.8％）である。
C さくらんぼの生産量（2018年）の全国1位

山形県（78.5％），2位は山梨県（6.0％）である。

D 豚の飼育頭数（2019年）の全国1位は鹿児島県（13.9％），2位は宮崎県（9.1％）である。

(3) 栽培漁業とは，人工的に卵からかえした稚魚や稚貝を一定期間育て，その後，自然の海や川に放流して成長してからとる漁業。沿岸の海底に，魚が集まる漁場をつくるといった工夫も行われている。

3 (1) Aは金額が最も多く，機械の割合が7割近くあることから中京工業地帯。BはAに次いで金額が多く，金属の割合が高いことから阪神工業地帯。Cは機械の割合が高いことから東海工業地域，Dは化学の割合が高いことから京葉工業地域。

(2) 年代順に並べると，イ（第二次世界大戦以前）→ア（戦後〜1960年代）→エ（1980年代）→ウ（1990年代以降）となる。

4 (1) 旅客輸送・貨物輸送とも，最も大きな割合を占めているAは自動車。Bは多くの旅客を運ぶのに適している鉄道，Cは大量の貨物を運ぶのに適している船である。

(2) ア 現在（2019年），日本の最大の輸入相手国は中国（23.5％）で，アメリカ合衆国は第2位（11.0％）である。

イ 原油や天然ガスなどを輸送する場合には，専用のタンカーで運搬される。コンテナ船は，機械類や自動車，衣料品や雑貨などの輸送に利用される。

ウ インバウンド消費とは，訪日外国人（観光客）によって生み出される国内消費のことである。近年，アジアを中心に訪日外国人が急増していることから，インバウンド消費が増えていたが，2020年はコロナウイルスの影響で激減した。

(4) デジタルデバイド（情報格差）に関しては，パソコンやスマートフォンなど情報通信機器の利用に慣れていない高齢者などと，その他の世代の間での格差が問題となっている。

6 日本の諸地域

Check! 本冊 ➡ p.24

1 ① シラス ② 二毛作 ③ シリコンアイランド
④ 山陰 ⑤ 瀬戸内 ⑥ 南四国 ⑦ ため池
⑧ 促成栽培

2 ① 台所 ② 関西国際空港 ③ 真珠 ④ 中小

⑤ 北陸 ⑥ 中央高地 ⑦ 東海
⑧ 中京工業地帯 ⑨ 機械 ⑩ 施設園芸農業
⑪ 四日市ぜんそく

3 ① ヒートアイランド ② さいたま市
③ 政令指定都市 ④ ニュータウン
⑤ ドーナツ化 ⑥ 京浜工業地帯 ⑦ 近郊
⑧ 銚子

4 ① リアス海岸 ② やませ
③ 東北地方太平洋沖 ④ ロードヒーティング
⑤ 根釧 ⑥ 酪農

Try! 本冊 ➡ p.26

1 (1) 阿蘇山
(2)（例）ビニールハウスや温室を利用して，夏野菜を他の地域よりも早く出荷する促成栽培が行われている。
(3) 工業地域：瀬戸内工業地域　種別：ウ
(4) ① ア ② カ ③ オ

2 (1) 関西国際空港 (2) ウ (3) ア
(4) リアス海岸 (5) ① エ ② オ ③ イ

3 (1) エ (2) イ
(3) 工業地帯：中京工業地帯　工業製品：ア
(4) ① エ ② ウ ③ ア

4 (1) 仙台市 (2) 津波
(3)（例）暖流の黒潮（日本海流）と，寒流の親潮（千島海流）がぶつかる潮目にあたる場所だから。
(4) ウ (5) ① ウ ② ア ③ エ

解説

1 (1) 阿蘇山は，世界最大のカルデラがあることで知られる。カルデラとは，火山の山頂付近が噴火により落ちこんで形成された，大きなくぼ地のこと。

(2) 宮崎平野や高知平野では，ビニールハウスや温室を利用して，ピーマンやなすなどの夏野菜の生育を早め，他の地域よりも早く出荷する促成栽培がさかんである。

(3) 瀬戸内工業地域では石油化学工業がさかんで，倉敷市水島地区（岡山県），周南市（山口県），新居浜市（愛媛県）などに石油化学コンビナートが建設されている。

(4) ① 鳥取砂丘では，防砂林やスプリンクラーなどのかんがい設備によって，らっきょう，ながいも，すいか，メロンなどが栽培されている。

③ 筑後川の流域に広がる筑紫平野では，クリー

クとよばれる水路を利用した稲作がさかん
で，冬には麦などの栽培を行う二毛作が行
われている。

2(1) 関西国際空港は日本で初めての24時間空港。
開港から長らく路線が増えず，経営難に苦しん
だが，2010年代以降，海外からの旅行者が増
加したことや格安航空会社（LCC）の専用ター
ミナルが完成したことなどで利用者が増えた。

(2) 東大阪市には，高い技術力をもつ中小企業が多
く，精度の高い部品は海外からの注文も多い。

(3) 温暖多雨な紀伊山地は，古くから林業がさかん。
森林の多くは人工林で，とくに奈良県の吉野す
ぎ，三重県の尾鷲ひのきは，高級木材として知
られる。

(5) ① 和歌山県では，海沿いの日当たりのよい丘
陵地で，みかんの栽培がさかんである。梅
や柿の栽培もさかんで，全国有数の産地と
なっている。

3(1) 長野県の八ヶ岳山麓の野辺山原では，夏でもす
ずしい気候を生かしてレタスやキャベツなどの
高原野菜を，他の産地より遅い時期に出荷する
抑制栽培がさかんである。

(2) 福井県の若狭湾沿岸は，敦賀原発や美浜原発な
ど，多くの原子力発電所が集まり，「原発銀座」
ともよばれる。

(3) 日本最大の工業地帯である中京工業地帯では，
愛知県の豊田市を中心として自動車の生産がさ
かんである。

(4) ① 日本の東端の南鳥島や，南端の沖ノ鳥島も，
東京都に属している離島である。

4(2) 東北地方太平洋沖地震の際，リアス海岸の地形
が見られる三陸海岸では，巨大な津波が発生し
て壊滅的な被害を受けた。

(3) 黒潮（日本海流）と親潮（千島海流）がぶつかる
潮目（潮境）には，魚のえさとなるプランクトン
が豊富にあることから，好漁場となっている。

(4) 北海道東部の根釧台地では，牧草地で乳牛の飼
育を行い，牛乳，チーズ，バターなどに加工す
る酪農がさかんである。

(5) ① なまけ者をこらしめる秋田県男鹿半島に古
くから伝わる民俗行事のなまはげは，ユネ
スコの無形文化遺産に登録されている。

7 古代までの日本と世界

Check!
本冊 ➡ p.28

1 ① 打製　② 旧石器　③ メソポタミア

④ くさび形　⑤ イスラム　⑥ 稲作
⑦ 青銅器　⑧ 三国　⑨ 古墳　⑩ 渡来人
2 ① 隋　② 新羅　③ 小野妹子　④ 飛鳥
⑤ 壬申の乱　⑥ 天武
3 ① 平城京　② 奈良　③ 戸籍　④ 口分田
⑤ 墾田永年私財法　⑥ 遣唐使　⑦ 東大寺
⑧ 古事記
4 ① 長岡京　② 平安京　③ 坂上田村麻呂
④ 最澄　⑤ 天台宗　⑥ 空海　⑦ 真言宗
⑧ 摂関政治　⑨ 藤原頼通　⑩ 荘園
⑪ かな文字　⑫ 古今和歌集　⑬ 源氏物語

Try!
本冊 ➡ p.30

1(1) イ
(2) A エジプト文明　B メソポタミア文明
C インダス文明　D 中国文明
(3) ア B　イ A　ウ A　エ D　オ C
(4) A ナイル川　B チグリス川・ユーフラテス川
C インダス川　D 黄河・長江
2(1) 縄文時代：イ，エ　弥生時代：ア，ウ
(2) 邪馬台国　(3) 親魏倭王
(4) ① 大和政権（ヤマト王権）
② （例）王や豪族の巨大な墓。
3(1) ① 壬申　② 唐
(2) ① a 神祇官　b 大宰府　② 貴族
4(1) 6人　(2) ウ　(3) 万葉集
5(1) ウ
(2) （例）唐の文化を消化し，日本の風土や生活に
合った文化が発達した。

解説

1(1) クロマニョン人は新人。
2(1) ア 金属器は弥生時代に伝わった。
イ 縄文土器に比べ，弥生土器は薄手で赤褐色。
ウ 縄文時代，稲作は広まっていなかったが，
定住はしていた。
(2)(3) 紀元前後の日本のようすは，中国の歴史書に
書かれている。
(4) 古墳は王や豪族の墓であるため，その分布など
から，大和政権（ヤマト王権）は5世紀には九州
地方から東北地方南部までを支配していたこと
がわかる。
3(1) 672年に起きた壬申の乱では，天智天皇の弟で
ある大海人皇子が，天智天皇の子である大友皇
子に勝利し，天武天皇として即位した。
(2) 律令制に基づき統治を行う国家を律令国家とい

う。bの大宰府は，外交・防衛と九州地方の政治を行う役所。

4 (1) 口分田は6歳以上の男女にあたえられた。
(2) 貴族や寺社は，農民を使って開墾を進めたり，田を買い取ったりして，私有地を広げていった。この私有地を荘園という。

5 (1) 794年に，「平安京に都を移した天皇」とは桓武天皇のこと。日本書紀がつくられたのは奈良時代の720年のこと。
(2) 日本語の発音を表しやすい文字がつくられるなど，日本の風土や生活に合った文化が発達したが，ゼロからつくられたものではなく，唐の文化を消化して発達したものだった。

8 中世の日本と世界

Check!
本冊 ➡ p.32

1 ① 奥州藤原氏　② 上皇　③ 院政　④ 僧兵
　⑤ 保元　⑥ 平治　⑦ 平清盛　⑧ 源 頼朝
　⑨ 壇ノ浦
2 ① 御家人　② 御恩　③ 奉公　④ 執権
　⑤ 後鳥羽上皇　⑥ 承久　⑦ 禅宗　⑧ 栄西
　⑨ 新古今和歌集　⑩ 方丈記　⑪ 徒然草
3 ① チンギス・ハン　② フビライ・ハン　③ 元寇
　④ 後醍醐天皇　⑤ 建武の新政　⑥ 南北朝時代
　⑦ 足利義満　⑧ 室町幕府　⑨ 勘合
4 ① 座　② 惣　③ 土一揆　④ 足利義政
　⑤ 応仁の乱　⑥ 下剋上　⑦ 枯山水
　⑧ 水墨画　⑨ 能（能楽）

Try!
本冊 ➡ p.34

1 (1) 太政大臣　(2) a ウ　c イ　(3) Q
　(4) D→B→A→C
2 (1) A 執権　B 守護　C 侍所　(2) ウ
　(3) 北条氏　(4)(例)幕府が朝廷を監視するため。
3 (1) チンギス・ハン　(2) フビライ・ハン
　(3) 北条時宗　(4) ア，エ　(5) 明
　(6) 徳政（借金の帳消し）
4 (1) ① オ　② ウ　③ ア　④ カ
　(2) ① 応仁の乱
　　② X 足利義政　Y 侍所　Z 管領
　　③ （例）将軍の後継者争いと守護大名の対立が結びついたこと。

解説

1 (1) 平清盛は，平治の乱で源義朝を破り，政治の実権をにぎった。

(2) 平治の乱がおこったのは京都。壇ノ浦の戦いが行われたのは，現在の山口県下関市。
(3) 平清盛は兵庫の港を整備して，中国の宋と積極的に貿易を行った。
(4) A 平治の乱がおこったのは，1159年。
　　B 後白河天皇と崇徳上皇の対立・武力衝突とは保元の乱のことで，1156年。
　　C 壇ノ浦の戦いは，1185年。
　　D 平将門が新皇を名乗り，北関東で反乱をおこしたのは，10世紀中ごろ。
2 (1) 侍所とは，御家人の統率や軍事を担当する役所。
(2) 六波羅探題が設置されていることから，承久の乱後の時期であることがわかる。後鳥羽上皇は承久の乱をおこして，隠岐に流された。
(4) 京都に置かれた六波羅探題は朝廷の監視のほか，京都の警備や西日本の武士の統率も担当していた。
3 (1)(2) フビライ・ハンはモンゴル帝国の初代皇帝チンギス・ハンの孫で，都を大都（北京）に移して国号を元と改めた。
(4) 日本は元軍の集団戦法や火薬の使用に苦しめられたが，暴風雨などの影響で元軍をしりぞけることができた。御家人は元軍と戦ったが十分な恩賞が得られなかったことなどもあって生活が苦しくなり，借金をして土地を手放した者もいた。このため，幕府は徳政令を出した。
(5) 1404年に始まった勘合貿易は，明との貿易なので日明貿易ともいう。
4 (1) 応仁の乱は京都を戦場としていたが，戦乱は地方へ広がり，下剋上の世となっていった。
(2) ② Y 侍所の長官である所司には，京極・山名・赤松・一色の4氏が交代でついた。
　　Z 管領には，細川・畠山・斯波の3氏が交代でついた。
　　③ 第8代将軍足利義政には子がなく，弟の義視が跡継ぎの予定だった。しかし義政に子（義尚）が生まれたことで，守護大名の対立と結びついて応仁の乱がおきた。

9 近世の日本と世界

Check!
本冊 ➡ p.36

1 ① イスラム教　② 十字軍　③ ルネサンス
　④ ルター　⑤ 宗教改革　⑥ 種子島
2 ① 足利義昭　② 明智光秀　③ 石高
　④ 太閤検地　⑤ 狩野永徳　⑥ 千利休
3 ① 征夷大将軍　② 武家諸法度　③ 参勤交代

④ 本百姓　⑤ 水のみ百姓　⑥ 五人組
⑦ 禁教令　⑧ 天草四郎（益田時貞）
⑨ 島原・天草一揆　⑩ 朝鮮通信使
4 ① 備中ぐわ　② 元禄文化　③ 問屋制家内工業
④ 蘭学　⑤ 化政文化
5 ① 生類憐みの令　② 徳川吉宗　③ 享保の改革
④ 松平定信　⑤ 寛政の改革　⑥ 異国船打払令
⑦ 水野忠邦　⑧ 株仲間

Try!

本冊 ➡ p.38

1 (1) A　バスコ・ダ・ガマ　B　コロンブス
　　　C　マゼラン　(2) X　スペイン　Y　ポルトガル
2 (1) 織田信長
　　(2) 桶狭間：今川義元　長篠：武田勝頼
　　(3) S
3 (1) ① 文禄の役　② 慶長の役　(2) 1600年
　　(3) 外様　(4)（例）大名を統制するため。
4 (1) ① オ　② カ　③ エ
　　(2) ① 東廻り航路　② ○　③ ○　④ 大阪
5 (1) 人物名：徳川吉宗　改革：享保の改革
　　(2) イ, ウ, オ　(3) 松平定信
6 (1) エ　(2) ア
　　(3)（例）幕府による外国船への砲撃を批判したか
　　　ら。

解説

1 (1) B　西インド諸島といわれるのは，コロンブスが
　　　到達したのがインドだと考えられたため。
　　　C　マゼランは航海の途中で亡くなったが，彼
　　　の船隊は世界一周を果たした。
　　(2) スペインがインカ帝国をほろぼすなど，南アメ
　　　リカ大陸をスペインとポルトガルが支配したた
　　　め，現在の南アメリカ州の国々ではスペイン語
　　　やポルトガル語が使われている。
2 (1)(2) 桶狭間の戦いで織田軍に敗れた今川義元は，
　　　東海の有力な大名であった。長篠の戦いでは，
　　　甲斐の国（山梨県）を治めていた武田勝頼が織
　　　田軍に攻め込んだが，織田軍が準備していた鉄
　　　砲隊により敗れた。
　　(3) 滋賀県の琵琶湖の東岸に築かれた安土城は，日
　　　本初の本格的な天守をもった城であった。
3 (2) 関ヶ原の戦いは，石田三成を中心とする西軍と，
　　　徳川家康を中心とする東軍との戦い。
　　(4) 武家諸法度によって，大名の築城や結婚などに
　　　さまざまな規制を加えた。参勤交代は，大名の
　　　妻子を江戸に住ませるなど謀反防止のために行

われ，大名にとっては大きな負担であった。
4 (1) ① 豊臣秀吉の朝鮮侵略によってとぎれていた
　　　朝鮮との国交が，対馬藩の努力で回復した。
　　　また，対馬藩は朝鮮との貿易を担当した。
　　② 琉球王国は1609年，薩摩藩に武力で支配さ
　　　れた。琉球はその後も国際的には独立国と
　　　されたが，薩摩藩は琉球を通じた貿易で利
　　　益をあげた。
　　③ 蝦夷地（北海道）南西部を領地とした松前藩
　　　は，蝦夷地のアイヌ民族との間で行う交易の
　　　独占権があたえられていた。
　　(2) ① 日本海側にある北陸・東北地方の港から，東
　　　側に進んで江戸に運ぶ航路を東廻り航路と
　　　いい，西側に進んで大阪に運ぶ航路を西廻
　　　り航路という。
　　④ 大阪は経済の中心地で「天下の台所」とよば
　　　れた。
5 (1) 徳川吉宗が行った享保の改革では，上げ米の制，
　　　公事方御定書の制定などが行われた。
　　(2) 田沼意次は商人の資本を利用して，印旛沼の干
　　　拓を始めたが，失敗に終わった。
　　(3) 松平定信が行った寛政の改革はあまりに厳し
　　　く，大きな成果はあげられなかった。
6 (1) ザビエルは1549年に来航した宣教師。ペリーは
　　　1853年に浦賀に来航した。ハリスは1856年に
　　　駐日総領事として下田に着任したアメリカ人。
　　(3) 1837年，漂流民を返還し，通商を求めようとし
　　　たアメリカ商船が幕府により砲撃されるモリソ
　　　ン号事件がおきた。幕府の対応を批判した蘭学
　　　者の渡辺崋山・高野長英は，1839年に幕府から
　　　処罰された。この弾圧事件を蛮社の獄という。

10 近代の日本と世界

Check!

本冊 ➡ p.40

1 ① 絶対王政　② 独立宣言　③ ワシントン
④ 人権宣言　⑤ 産業革命　⑥ ビスマルク
⑦ アヘン　⑧ 南京条約
2 ① 日米和親条約　② 下田　③ 桜田門外
④ 五箇条の御誓文　⑤ 版籍奉還　⑥ 四民平等
⑦ 学制　⑧ 殖産興業
3 ① 岩倉具視　② 沖縄県　③ 琉球処分
④ 文明開化　⑤ 国会開設の勅諭　⑥ 貴族院
⑦ 帝国主義
4 ① 陸奥宗光　② 小村寿太郎　③ 甲午農民戦争
④ 日清戦争　⑤ 三国干渉　⑥ 日露戦争
5 ① 統監府　② 韓国併合　③ 辛亥革命

④ 八幡製鉄所 ⑤ 夏目漱石

Try!
本冊 ➡ p.42

1 (1) イ (2) ルソー (3) ワシントン
(4) b ア d ウ
2 (1) ① ○ ② 上昇 ③ ○ ④ 公武合体
⑤ 薩摩藩
(2) ① 五箇条の御誓文 ② エ
(3) (例)民間の模範となる，政府が経営する工場。
3 (1) エ (2) ウ (3) ① Z X ③ Y
4 (1) 甲午農民戦争(東学党の乱) (2) C (3) ア
5 (1) 工場法 (2) ア
(3) (例)工場労働者を保護し，労働環境を整備するもの。

解説

1 (1) 議会派と専制政治を行う国王とが対立し，ピューリタン(清教徒)革命がおきた。クロムウェルは議会派の指導者。
(2) ルソーは「社会契約論」で「人は生まれながらにして平等である」と人民主権を主張した。
(4) b 名誉革命を受けて「権利章典」が定められた。
d フランス革命の初期，国民議会は「人権宣言」を出した。
2 (1) ① 1865年における日本の輸出割合は，生糸が約8割，茶が約1割となっている。
② 一般的には，商品が余るほど多い場合は価格が下がり，品不足の場合は価格が上がる。
④ 尊王攘夷とは，外国勢力を排除しようと考える攘夷論と天皇の権威を強調する尊王論が結びついたもの。
(2) ② 廃藩置県は1871年のこと。
(3) 殖産興業政策の1つで，民間に見習わせるために富岡製糸場などをつくった。
3 (1) 朝鮮の江華島付近に来た日本の軍艦が砲撃を受け，報復した事件。日本はこれを口実に日朝修好条規を結び，朝鮮を開国させた。
(2) ア 憲法で定められた権利も，法律で制限できた。
エ 戦争を始める権限は天皇がもっていた。
(3) ① 1882年のこと。
② 1871年に出発し，1873年に帰国。
③ 1877年のこと。
4 (1) この反乱の鎮圧のために朝鮮政府は清に出兵を要請したが，日本も対抗して出兵したことで日清両軍が衝突し，日清戦争が始まった。
(2) 現在の山口県下関市で講和会議が行われ，講和条約の下関条約が調印された。

---

5 (2) アは1911年，イは1895年，ウは1901年，エは1910年のこと。
(3) 産業革命，資本主義の発展にともない，労働問題が発生した。

11 二度の世界大戦と日本

Check!
本冊 ➡ p.44

1 ① 三国同盟 ② 三国協商 ③ サラエボ
④ ロシア革命 ⑤ 日英同盟 ⑥ 米騒動
⑦ 国際連盟 ⑧ ジュネーブ
2 ① ガンディー ② 大正デモクラシー
③ 民本主義 ④ 原敬 ⑤ 普通選挙
⑥ 治安維持 ⑦ 芥川龍之介
3 ① ニューヨーク ② ムッソリーニ ③ ナチス
④ ヒトラー ⑤ 金融恐慌 ⑥ 満州事変
⑦ 盧溝橋事件
4 ① 独ソ不可侵条約 ② ポーランド
③ 日独伊三国同盟 ④ 真珠湾 ⑤ 太平洋戦争
⑥ ミッドウェー海戦 ⑦ 東京大空襲
⑧ ポツダム宣言 ⑨ 原子爆弾

Try!
本冊 ➡ p.46

1 (1) サラエボ事件 (2) ア (3) エ (4) 日英同盟
2 (1) 原敬 (2) ア (3) エ (4) イ，エ
(5) (例)満25歳以上のすべての男性。
3 (1) ① E ② C ③ F ④ D ⑤ A
(2) 国家総動員法
(3) ① ○ ② 犬養毅 ③ 盧溝橋事件
(4) ポーランド
4 (1) A アメリカ C 中国 (2) イ
(3) ドイツ，イタリア
(4) (例)北方の安全を確保するため。

解説

1 (2) イ 民族自決の原則が適用されたのはヨーロッパの国だけであった。
ウ ドイツは多額の賠償金を課せられたこともあり，経済が大混乱した。
エ 日本は，ドイツがもっていた中国の山東省の権益を獲得した。
(3) アはc，イはe，ウはdの内容。
2 (2) 立憲政友会の西園寺公望内閣がたおされ，藩閥・官僚勢力を代表する桂太郎内閣(第3次)が成立すると，第一次護憲運動がおこった。
(3) シベリア出兵をみこした米の買い占めもあって米価が急上昇し，米の安売りを求めて米屋など

をおそう動きが富山県から全国に広がった。この事件を米騒動という。

(4) 加藤高明は1924年から1926年に内閣を組織し，1925年に普通選挙法を成立させる一方で，同年に私有財産の否定をはかる運動を取り締まる治安維持法も成立させた。アは1900年，ウは1880年，オは1911年に制定。

(5) 1925年の普通選挙法によって納税額による制限がなくなり，有権者は約4倍に増加した。

3 (1) ① 北京郊外でおこった盧溝橋事件をきっかけに，日中戦争へと発展していった。

② 国際連盟は，日本の行動は侵略行為であるとし，満州国の独立は認めなかった。これを不服として，日本は国際連盟を脱退した。

③ 戦時下において，「挙国一致」の体制をとるべく，政党は解散し，大政翼賛会にまとめられた。

④ 首相官邸や国会議事堂周辺などが占拠され，高橋是清大蔵大臣らが殺傷された。

⑤ 満州にいた日本軍（関東軍）が，柳条湖で南満州鉄道の路線を爆破し，攻撃を開始した。ここから短期間でほぼ満州全土を占領した。

(4) ドイツの侵攻に対し，ポーランドを支援していたイギリス・フランスがドイツに宣戦布告し，第二次世界大戦が始まった。

4 (1)(2) この経済制裁をABCD包囲陣という。

(4) 日本は，南北の両方に注意を向けながら進軍する必要のないよう，日ソ中立条約を結んだ。ソ連は1945年の戦争末期，これを破って対日参戦した。

12 現代の日本と世界

Check!

本冊 ➡ p.48

1 ① マッカーサー　② 連合国軍最高司令官総司令部
③ 労働組合法　④ 財閥解体　⑤ 農地改革
⑥ 日本国憲法　⑦ 教育基本法

2 ① 冷戦（冷たい戦争）　② 大韓民国
③ 中華人民共和国　④ 朝鮮戦争　⑤ 自衛隊
⑥ 特需景気

3 ① サンフランシスコ
② 日米安全保障条約（日米安保条約）
③ 日ソ共同宣言　④ ベトナム　⑤ 非核三原則
⑥ 日韓基本条約　⑦ 日中共同声明

4 ① 湯川秀樹　② 高度経済　③ 公害
④ マルタ島　⑤ 平和維持　⑥ バブル
⑦ 少子高齢　⑧ 東日本大震災

Try!

本冊 ➡ p.50

1 (1) ① 日本国憲法　② 公布：1946年11月3日
施行：1947年5月3日　③ 天皇

(2) 平和主義

(3) ① 冷戦（冷たい戦争）　② 中華人民共和国
③ 北朝鮮（朝鮮民主主義人民共和国）
④ 特需景気

2 (1) マッカーサー　(2) 独占禁止法　(3) 財閥解体

(4) 教育基本法

(5) (例) 政府が地主から土地を買い上げ，小作人に安く売った。

3 (1) サンフランシスコ

(2) 日米安全保障条約（日米安保条約）

(3) A エ　B イ　C ウ　D ア　(4) 48

4 (1) 55年体制　(2) 日本万国博覧会（万博）

(3) 少子高齢（化）社会　(4) バブル景気

5 (1) 高度経済成長　(2) イ

(3) (例) 原油の輸入価格の値上がり。

解説

1 (1) ① 資料は，国による日本国憲法の教科書。

② 公布は，新しい法令を国民に周知することで，施行はその法令が実際に効力を発生させること。

③ 日本国憲法では，天皇は日本国の象徴で日本国民統合の象徴とされた。

(3) ① アメリカを中心とする西側陣営と，ソ連を中心とする東側陣営が対立した。

③ アメリカを中心とする国際連合軍は大韓民国（韓国）を支援した。

④ 日本本土や沖縄のアメリカ軍基地が戦争に使用され，大量の軍需物資も日本で調達されたため，日本は好景気になった。

2 (2)(3) 財閥による独占が行われないようにした。

(5) 小作人は地主に高いお金を払って土地を借りて農業を行い，地主が小作人を支配する封建的な関係ができていた。しかし農地改革により地主と小作人の封建的な関係はなくなり，小作人は自作農となり，農業生産も向上し，民主化されていった。

3 (1)(3) サンフランシスコ平和条約で日本は独立を回復するとともに，朝鮮の独立を認め，台湾・千島列島・南樺太などを放棄することになった。

(4) 中国など講和会議に参加していなかった国があり，ソ連などは参加していたが調印しなかった。

4 (1) 1955年の保守合同によって自由民主党が成立し，38年間，政権をとり続けたときの体制。

5 (2) ア・ウ 1956年のできごと。それまではソ連の拒否権で国際連合への加盟ができないでいたが，日ソの国交回復によって加盟が実現した。

イ 1972年のできごと。サンフランシスコ平和条約によって日本が独立したあとも，沖縄はアメリカの施政権下に置かれていた。

エ 1950年に警察予備隊がつくられ，その後保安隊となり，1954年に自衛隊になった。

(3) 高度経済成長は1973年の石油危機（オイルショック）とともに終わった。石油危機とは，第4次中東戦争をきっかけとする石油価格の高騰によっておきた，経済の混乱のこと。

13 私たちが生きる現代社会と文化／人間の尊重と基本的人権

本冊 ➡ p.52

Check!

1 ① 高齢化　② 少子化　③ 核家族
④ マスメディア　⑤ インターネット
⑥ グローバル化　⑦ 貿易摩擦
⑧ バイオテクノロジー　⑨ 年中行事
⑩ 琉球　⑪ アイヌ　⑫ 交渉　⑬ 公正

2 ① アメリカ独立宣言　② ワイマール
③ 立憲主義　④ 国民主権　⑤ 象徴天皇制
⑥ 平和維持活動　⑦ 沖縄　⑧ 非核三原則

3 ① 平等　② 生存　③ 請求
④ 個人情報保護関連　⑤ 環境　⑥ NGO

Try!

本冊 ➡ p.54

1 (1) A ICT　B 遺伝子
(2) 情報格差（デジタルデバイド）　(3) グローバル化
(4) c，d

2 (1) A ア　B ウ　C イ
(2) ① ウ，エ
② （例）18歳以上の国民全員が選挙権を持っている。

3 (1) A 国民主権　B 平和主義
C 基本的人権の尊重
(2) 9　(3) X ウ　Y エ　Z ア　(4) ア，イ
(5) ア，ウ，エ

4 (1) 参政権　(2) 最高裁判所の裁判官　(3) 25
(4) （例）人権を守るための権利で，国民が政治に参加する権利。

解説

1 (1) A Information and Communication Technologyの頭文字。
B 遺伝子組み換え作物とは，害虫に強い，日

もちがするなどの農作物のすぐれた特性を生み出す遺伝子を見つけ，組み換えた遺伝子を農作物の細胞に入れて生長させた作物。

(3) グローバル化が進むと，貿易などを通じて世界の結びつきが強くなり，経済的に世界が一体化する。

(4) 生命倫理とは，生命に関して人として守るべきことがらのこと。生命の始まりと終わりに深く関わる。

2 (1) A 自分の主張を通すだけでは問題が解決しない場合も多い。
B 配分のしかたで対立している場合，だれにも配分されないものが出ないようにするという考えが「効率」である。
C だれかに不当な利益や不利益がある場合，「公正」とはならない。

(2) ① ア 当事者である子どもたちが決定に参加できていない。
イ Aだけ利益を受ける機会がない。
ウ だれにでも利益を受ける機会が設けられている。
エ 全員が同じ利益を受けている。
② それぞれ1票ずつ投票できる国会議員選挙や国会での投票が代表例。

3 (1)(2) Bは第9条第1項の部分。第2項では，戦争放棄を確実にするために戦力を持たないこと，交戦権を認めないことが定められている。Aは第1条，Cは第11条。

(4) 天皇は政治に関する権限がなく，その国事行為には内閣が責任を負うことになっている。

(5) イギリスのロックが「統治二論」で唱えた抵抗権は，日本国憲法には定められていない。

4 (2) 最高裁判所の裁判官に任命されて初めての衆議院議員総選挙の際と，それから10年経過後の衆議院議員総選挙の際に行われる。

(3) このほか，衆議院議員，市町村長が25歳以上，参議院議員，都道府県知事は30歳以上。

(4) 国民自身が政治に参加することで，正当な権利や利益が守られる政治を保障する。

14 暮らしと結びついた政治

本冊 ➡ p.56

Check!

1 ① 直接　② 間接　③ 公職選挙　④ 秘密
⑤ 比例代表　⑥ 与党

2 ① 立法機関　② 二院　③ 1/4　④ 憲法
⑤ 議院内閣　⑥ 国事行為　⑦ 司法　⑧ 民事

⑨ 上告　⑩ 抑制　⑪ 内閣
3 ① 条例　② 首長　③ 地方分権　④ 署名
⑤ 首長　⑥ 1/3　⑦ NPO

Try!
本冊 ➡ p.58

1 (1) 民主主義　(2) ① イ　② ウ
2 (1) A ア　B エ　(2) X イ　Y エ　(3) 1
(4) (例) 有権者数と議員定数との比率が選挙区に
よって異なるという問題。
3 (1) A 連帯　B 弾劾　C 指名　(2) ア
(3) 国会議員　(4) イ
(5) ① ○　② ×　③ ×　④ ○
4 (1) A 知事(市区町村長)　B 拒否
(2) 地方交付税交付金
(3) (例) 議院内閣制では国会の信任によって選ば
れるが、地方公共団体では住民が直接選ぶ。

解説
1 (1) アメリカのリンカン大統領による、1863年のゲ
ティスバーグでの演説にある「人民の、人民に
よる、人民のための政治」が、民主主義の原理
を述べたものとして有名。
(2) ① ア 直接選挙についての説明。
ウ 民族自決の考え方。
② ア 最終的に決めるときは多数意見を採用す
る「多数決の原理」は民主政治の原理の
1つだが、民主政治では少数意見も尊重
されなければならない。
イ 議員は、それぞれの選挙区や支持者に拘
束されず、全体の代表であり、議会は全
体の代表機関であるとする「代表の原理」
は民主政治の原理の1つ。
2 (1) 参議院には解散がなく、任期満了や解散による
衆議院議員選挙では定数のすべてを改選する
ことになっている。
(2) 小選挙区とは定数が1の選挙区、大選挙区とは
定数が複数の選挙区のこと。中選挙区とは大選
挙区の一種で、このうち数名のみを選出するも
のをいう。比例代表以外の参議院の45選挙区
では、一度に1名から6名を選出するため、こ
れらのいずれにもあてはまらない。この参議院
の45選挙区は一部を除いて都道府県単位で設
けられている。
(3) ドント式による比例代表選挙では、各政党の得
票数を1・2・3……と整数で割っていき、割っ
た結果(商)の大きい順に議席を定数まで配分
していく。この計算を行うとE党は2議席、F

党とG党は各1議席となる。
(4) 例えば、有権者数と議員定数との比率が大きい
選挙区と小さい選挙区とで2倍の差がある場
合、形式的には一人一票だが実質的には一人0.5
票の選挙区があるということ。
3 (1) A 国務大臣たちは国会に対し、連帯して責任
を負っている。
B 国会議員で組織し、裁判官を辞めさせる権
限をもつ弾劾裁判所を国会が設置すること
になっている。
C ほかの裁判官と同じく内閣が決めるが、長
官だけは天皇が任命するという形式をとる。
(2) 出席議員の3分の2以上の賛成があれば秘密会
を開ける。
(5) ② 「検察官に起訴された」などが正しい。検察官
が犯罪者と判断しただけで、犯罪者かどう
かは裁判をしなければわからない。無実で
ある被告人が有罪にされることなどがない
よう、黙秘権や弁護人を依頼する権利など
が憲法で保障されている。
③ 「国民が裁判官とともに」などが正しい。裁
判官とともに審理する裁判員は、抽選で選
ばれる。
4 (1) 首長(知事・市区町村長)は、議会の議決を拒否
し、審議のやり直し(再議)を請求できる。
(2) 国が使途を決めて地方公共団体に支給するもの
は国庫支出金といい、補助金ともよばれる。
(3) 国政では議院内閣制を採用し、国民から直接選
挙された議員による国会が内閣総理大臣を選
び、内閣を総辞職させることもできる。地方公
共団体ではどちらも住民から直接選挙で選ば
れ、地方議会は首長の不信任決議もできるがそ
のための条件は厳しい。

15 私たちの暮らしと経済
Check!
本冊 ➡ p.60

1 ① 支出　② PL　③ 卸売　④ インフレーション
2 ① 資本主義　② 公企業　③ 株主総会
④ カルテル
3 ① 労働組合　② 終身雇用制
③ 男女雇用機会均等
4 ① 減少　② 増加　③ 均衡価格　④ 独占価格
⑤ 公共料金
5 ① 金融　② 公開市場　③ 円安　④ 歳出
⑤ 地方　⑥ 財政
6 ① 社会福祉　② 年金保険　③ バリアフリー

Try!

本冊 ➡ p.62

1 (1) a イ, オ b エ c ア, ウ (2) 財政
(3) A ウ B イ C エ (4) ア, イ, ウ

2 (1) ア, イ, エ (2) エ (3) 日本銀行券（紙幣, お札）
(4) (例)国債などの有価証券を買う。

3 (1) A 国 B 地方 C 直接 D 間接
(2) 所得税, 法人税, 消費税 (3) ③ (4) イ

4 (1) 公害 (2) 環境省 (3) ウ, エ (4) ウ
(5) (例)高齢者には医療や介護が必要な人が多く,
高齢者人口が増えることで年金の給付も増え
るから。

解説

1 資料は経済の循環のしくみを示した図。
(1) a ここでの「政府」は国の行政機関だけの意味
ではなく, 地方公共団体もふくまれる。
b 企業は, 会社などの私企業と, 国や地方公
共団体が資金を出して経営する公企業に分
けられ, 私企業は個人商店などの個人企業
と会社などの法人企業に分けられる。株式
会社は法人企業の代表的なもの。
c 個人や家族でも, 商売をするときは家計で
はなく企業（個人企業）となる。
(3) ア どちらも政府が行うことで, 矢印のように
双方向になっていない。
(4) 労働力・土地（自然）・設備（資本）は生産の三要
素ともよばれる。
2 (1) 供給量とは, その商品を生産・販売する（しよ
うとする）量のこと, 需要量とはそれを購入す
る（しようとする）量のこと。高い価格で売れそ
うな場合は供給量が多くなるが需要量は少なく
なり, 価格が下がれば需要量は多くなるが供給
量は少なくなる。供給量が少なくなる（商品が
貴重なものになる）と価格が上がり, 供給量が
多くなると価格が下がる。需要量が少なくなる
と, 商品が売れるように価格が下がり, 需要量
が多くなると価格が上がる。
(2) ア・イ・ウは公共料金。公共料金には政府が決
定するもの（アなど）, 政府に届け出させるもの
（イなど）, 政府が認可するもの（ウなど）がある。
(4) 不景気のときには, 日本銀行が国債などの有価
証券を銀行から買うことで, 銀行の資金を増や
す。銀行は資金が多くあるため貸し出し金利を
下げ, 企業などは金利が低いため資金を多く借
り, 生産活動などが活発化して景気が回復する

ことになる。
3 (2) 2019年度一般会計歳入総額約109兆円のうち,
所得税が約17.6％, 消費税が約16.8％, 法人税
が約9.9％で, 合わせると全体の4割以上。
(3) 土地や建物にかけられる税金。
(4) 財政政策とは, 国や地方公共団体が財政を通じ
て景気を調整するために行う政策のこと。日本
銀行が景気を調整するために行う政策は金融政
策という。
ア 好景気のときに行われる金融政策。
イ 企業の仕事が少なくなり, 景気が抑制される。
ウ 売りオペレーションの内容。
エ 金融政策の買いオペレーションの内容。
4 (3) ア 税金だけではなく, 社会保険には保険料に
よる資金が使われる。
イ 社会権に関係することではあるが, 社会保
障制度のことではない。
ウ 憲法第25条第2項に定められている。
エ 生活保護として行われている。
(4) 2019年度一般会計歳出総額約101兆円のうち,
社会保障関係費は約33.0％を占める。
(5) 高齢になると一般的に身体がおとろえ, 病気に
なったりケガをしたりしやすく, 医療保険や介
護保険給付が多くなり, 高齢者人口が増えるこ
とで年金保険の給付も多くなる。これらの社会
保険には税金も使われているため, 社会保障関
係費も増加する。

16 地域社会と私たち

Check!

本冊 ➡ p.64

1 ① 主権国家 ② 領海 ③ 国際法
④ ニューヨーク ⑤ 総会 ⑥ 安全保障理事会
⑦ 中国 ⑧ ワルシャワ ⑨ マルタ ⑩ CIS
⑪ 包括的核実験 ⑫ EU
⑬ 東南アジア諸国連合
2 ① 化石燃料 ② 原子力 ③ バイオマス
④ 南北問題 ⑤ UNCTAD ⑥ ODA
⑦ BRICS ⑧ 地球温暖化 ⑨ 酸性雨
⑩ 国連人間環境会議 ⑪ 持続可能
⑫ 先進国首脳会議 ⑬ 青年海外協力隊

Try!

本冊 ➡ p.66

1 (1) a エ b イ (2) 国民, 主権
(3) ① 国際連合
② ア 国連難民高等弁務官事務所（UNHCR）
イ 国連児童基金（UNICEF, ユニセフ）

13

(4) ア　(5) ① 安全保障理事会　② イ，エ

(6) (例)議決をする際，常任理事国は拒否権をもつ。

2 (1) ウ，エ　(2) エ　(3) 政府開発援助(ODA)

(4) ① イ　② ウ　(5) ウ

3 (1) 持続可能な開発目標(SDGs)　(2) ウ　(3) 16

(4) (例)海の豊かさを守るため，ゴミなどが下水や川に流れないようにする。

解説

1 (1) a　ヨーロッパ連合の略。共通通貨のユーロを約7割の国で導入している。

b　東南アジア諸国連合の略。「太平洋周辺諸国」までの広がりはない。

(3) ①　主要機関として，総会，安全保障理事会，経済社会理事会，信託統治理事会，国際司法裁判所，事務局がある。

②　イ　略称が似ている専門機関のユネスコ(UNESCO，国連教育科学文化機関)と間違えないよう注意。

(4) ア　核拡散防止条約(NPT)は，2020年現在191か国が批准している。つまり核兵器保有国として認められている5か国以外の186か国が核兵器をもたないことを約束しているということでもある。

(5) ①　安全保障理事会の決定は加盟国を拘束し，軍事行動をふくむ強制措置などを行うことができる。

②　イ　日本が関係している領土問題には，ロシアとの北方領土，韓国との竹島の問題がある。中国が領有を主張している尖閣諸島については，日本政府は「領土問題は存在しない」という立場をとっている。

エ　2020年現在の人口が1億人以上の常任理事国は，中国(約14億人)，アメリカ(約3億3千万人)，ロシア(約1億5千万人)の3か国。

(6) 手続き事項以外は，大国である常任理事国のうち1か国でも反対すると議決できないことになっている。このことを大国一致の原則といい，常任理事国が拒否権をもっていることを意味している。

2 (1) 資源が枯渇しない再生可能エネルギーには，太陽光，風力，地熱，バイオマスなどがある。石炭，天然ガスなどの化石燃料や，ウランなどの核燃料には限りがある。

(2) ア・イ　栄養不足人口の割合が高い国は，アフリカ州に最も集中している。

ウ・エ　世界人口の約2倍を養える量の穀物が世界で生産されているが，先進国で多くの食料が廃棄されている一方で，発展途上国で食料にされる量が少ない。

(5) アはオゾン層保護，イは水銀規制，エは絶滅のおそれのある生物の国際取引に関する取り決め。温室効果ガス削減を定めた京都議定書は，ウの締約国会議で採択されたもの。

3 (1) 発展途上国だけではなく，先進国もふくめたすべての国の，2030年までに達成すべき17の目標が設定されている。

(4) 「気候変動対策として，電気の無駄遣いはしない」なども可能。

入試対策編

1 地理

Challenge!

本冊 ➡ p.68

1 (1) 海洋名:大西洋　記号:X　(2) b

(3) ナイジェリア　(4) 7月7日午前8時

2 (1) A:イスラム教　B:ヒンドゥー教　(2) エ

(3) ア

3 (1) ① A　記号:ウ　県名:鹿児島県

B　記号:ア　県名:福井県

C　記号:エ　県名:和歌山県

② シラス(台地)　③ エ

(2) 太平洋ベルト

解説

1 (2) メルカトル図法では，赤道から離れて高緯度になるほど，緯線が長く表されるので，実際の長さが最も短いものは赤道上にあるbである。

(4) 東京(日本)の標準時子午線は東経135度，ブラジリアは西経45度なので，時差は，

$135 + 45 = 180$，$180 \div 15 = 12$から12時間。

本初子午線から見て，東京はブラジリアよりも東に位置し，時刻が進んでいることから，7月6日午後8時より12時間進んだ，7月7日午前8時となる。

2 (1) A　イスラム教は7世紀ごろ，現在のサウジアラビアでおこった宗教で，聖地のメッカには，世界各地から多くのイスラム教徒が巡礼に訪れる。

3 (1) ③ アは石川県の金沢市，イは山形県の天童市，ウは岩手県の盛岡市の地場産業である。

2 歴史

本冊 ➡ p.70

Challenge!

1 (あ), (え)
2 (1) 菅原道真 (2) X：ア　Y：エ　(3) ア
3 イ

解説

1 Aは(き), Bは(か), Cは(お), Dは(う), Eは(く), Fは(い)。

2 (1) 菅原道真は894年に遣唐使に任命されたが, 唐がおとろえたことや航海が危険であることを理由に派遣をやめるよう提案した。これが認められ, その後は遣唐使が派遣されることはなかった。

(2) X 元軍が襲来したのは1274年と1281年のこと。フビライ＝ハンは国号を元と定めた人物で, 日本を従えようと使者を派遣したが日本は応じなかった。

Y 戦った相手が海外の国だったため, 幕府は御家人に恩賞として与えるための土地が得られなかった。このため, 御家人たちは応戦して元軍をしりぞけたが, この働きに応じた十分な恩賞が得られなかった。

3 ⓐの「政権を朝廷に返上すること」を大政奉還といい, 1867年のできごと。ⓑは1868年のできごと。ⓒを版籍奉還といい, 1869年のできごと。ⓓの薩長同盟は1866年のできごと。

3 公民

本冊 ➡ p.72

Challenge!

1 (1) ウ (2) ア, エ (3) X：3036　Y：市長(首長)
2 (1) エ (2) イ (3) エ
3 (1) イ (2) ア

解説

1 (1) 日本国憲法には, 裁判を受ける権利が第32条に, 団体行動権が第28条に, 財産権が第29条に, それぞれ規定されている。

(2) イ・ウは予算の議決の手続きについての説明。法律の制定や改正の手続き上での, エの「特別な場合」とは, 参議院で衆議院と異なった議決をした案を, 衆議院が再可決して成立させる場合のことで, その再可決には出席議員の3分の2以上の賛成が必要。

(3) 条例の制定を求める直接請求は, 有権者の50分の1以上の署名が必要で, 首長に請求する。

2 (1) い 1ドル＝100円のときに1万円で生産したものを海外で売る場合, 100ドル以上で売らなければ利益にならない。1ドル＝110円の場合, 90.91ドル以上で売ればよい。このように, 円安のときは利益を減らさずに安く売れるので, 輸出も増える。

(3) 需要量が少ないとは欲しがる人が少ないということで, 売る側は販売量を増やすために価格を下げようとする。

3 (1) 基準を示しただけの世界人権宣言に対し, 1966年に採択された国際人権規約には法的拘束力がある。

4 総合(資料・史料問題)

本冊 ➡ p.74

Challenge!

1 ウ, オ
2 (1) 防人 (2) 藤原道長
　　(3) 記号：I　名称：武家諸法度
3 (1) A：象徴　B：公共の福祉
　　(2) イ

解説

1 (1) ア 鉄鉱石の生産量の上位4か国は中国, オーストラリア, ブラジル, インド。一方, 鉄鉱石の輸入量上位4か国は中国, 日本, 韓国, ドイツ。

イ 鉄鉱石の生産量については, オーストラリアはブラジルの2.03倍。一方, 鉄鉱石の輸出量については, オーストラリアはブラジルの2.27倍。

エ ブラジルの鉄鉱石の生産量は
32.8億t×0.133≒4.36億t。
一方, 日本と韓国とドイツの鉄鉱石の輸入量の合計は,
15.8億t×(0.08＋0.046＋0.024)
≒2.37億t。

2 (1) 唐や新羅から日本を守るために九州地方の警備にあたった防人がよんだ歌である。「すそに取りついて泣く子供たちを置いたまま来てしまった。その子の母もいないのに」という意味。

(2) 藤原道長が, 摂関政治の頂点を極めたときによんだ歌である。「この世は私のための世界のように思える。まるで満月の欠けたところのないように, 満ち足りた思いがするのだから」という意味。

(3) 資料Iは, 江戸幕府の2代将軍の徳川秀忠が制

定した武家諸法度である。**資料Ⅱ**は，鎌倉幕府の３代執権の北条泰時が制定した御成敗式目（貞永式目）である。

③ (2) 労働基準法は男女同一賃金のほか，労働時間や休日，最低年齢や深夜業などについても定めている。

総合テスト

本冊 ➡ p.76

① (1) a (2) ① ひかくさんげんそく ② C
(3) ① ⅰ群：ウ ⅱ群：ク ② 大西洋
(4) ① アフリカ大陸，南アメリカ大陸，
オーストラリア大陸，南極大陸
② （例）任期のない常任理事国５か国と，２年任期の非常任理事国10か国で構成される。

② (1) ウ
(2) （例）平年と比べて夏の日照時間が短く，気温が低かったから。

③ (1) X：エ Y：イ (2) ア，オ

④ (1) ① （例）低地が水没して，人の生活する場所が失われる。
② ウ ③ アメリカ
(2) エ (3) 経済特区 (4) エ

⑤ (1) （例）日本海をわたるときに大量の水蒸気をふくむため。
(2) イ
(3) 有権者数：122630人 請求先：監査委員
(4) C

⑥ (1) 番人 (2) エ (3) イ (4) 京都市

解説

① (3) ② 三大洋とは太平洋，大西洋，インド洋のこと。アフリカ大陸の西にあるのは大西洋。
(4) 国際連合（国連）安全保障理事会常任理事国は５か国で，そのうち中国，フランス，ロシアはユーラシア大陸に，アメリカは北アメリカ大陸にある。イギリスは大西洋上の島国。任期のない常任理事国に対し，非常任理事国は毎年半数が改選される。

② (2) 稲が育つ時期（夏）に，平年とどのような違いがあるのかを読み取る。

③ (1) 参議院は日本国憲法で定められた。
(2) イ「全員」ではなく，「過半数が」の誤り。
ウ「条約の承認」ではなく，「条約の締結」の誤り。原則として，締結の前に国会の承認が必要。

エ「30日」ではなく，「10日」の誤り。

④ (1) 2015年に結ばれたパリ協定は地球温暖化問題を扱っている。
① 気温が上がることで，南極大陸の氷がとけるなどして海面が上昇したり，農作物をふくむ生物の生息や育ち方に影響が出たりして，生態系や人間の生活・健康，産業などに被害が発生する。
② ウランは核燃料。2019年現在，日本における輸入額が最も大きい鉱産資源は原油であり，次いで液化ガス，石炭の順となる。
③ 2018年現在，世界の約３分の１をアメリカが生産。生産量第２位の中国は世界の２割強を生産。
(2) ベルサイユ条約が結ばれたのは1919年。アの二・二六事件は1936年のできごと。イは陸奥宗光外務大臣のときの日英通商航海条約の締結のことで，1894年のできごと。ウは1873年のできごと。このことで，使節派遣賛成派の西郷隆盛や板垣退助らは政府を去った。エは米騒動のことで，1918年のできごと。
(4) ドイツはキリスト教が普及しているヨーロッパの国。タイは仏教国。韓国は無宗教が多い。

⑤ (1) 夏は，季節風は南東から吹き，太平洋側地域で雨を降らせるため，日本海側地域では雨が少ない。
(2) ア 1792年はラクスマンが根室に来航した年。ペリーは1853年に，現在の神奈川県の浦賀に来航した。
ウ 稲荷山古墳は埼玉県，江田船山古墳は熊本県にあり，両方から「ワカタケル大王」の名が刻まれたものが出土したこともあって，当時の大和政権の勢力が広範囲に広がっていたことがわかっている。
(3) 監査の直接請求は，有権者の50分の１以上の署名が必要で，監査委員に請求する。
(4) Xは畜産がさかんな宮崎県。Yは阪神工業地帯にある大阪府。Zは自動車工業や野菜などの栽培がともにさかんな愛知県。

⑥ (1) すべての裁判所が違憲審査権をもつが，その最終決定権は最高裁判所がもつ。
(2) 年金制度は年金保険を利用した社会保障制度。